Hoppe/Tropper: Hebräisch Lernvokabular

HESED

Hebraica et Semitica Didactica

1

Herausgegeben von

Martin Rösel (Rostock)

und

Josef Tropper (Berlin)

Hebräisch

Lernvokabular

500 Vokabeln,
thematisch angeordnet in 60 Lektionen,
zum täglichen Lernen und Wiederholen

3., verbesserte und erweiterte Auflage

Juni Hoppe und Josef Tropper

hartmut spenner hs kamen 2015

Bibliografische Information der Deutschen Bibliothek

Die Deutsche Bibliothek verzeichnet diese Publikation in der Deutschen Nationalbibliografie; detaillierte bibliografische Daten sind im Internet über http://dnb.ddb.de abrufbar.

Der Text wurde von den Autoren als reprofähiges Dokument zur Verfügung gestellt.

Verlag Hartmut Spenner
Herbert-Wehner-Str. 2, 59174 Kamen
www.hartmutspenner.de

ISBN 978-3-89991-150-3

Printed in Germany 2015

Vorwort

Das vorliegende HEBRÄISCH-LERNVOKABULAR ist aus Lehr- und Lernerfahrungen entstanden. Dank guter Nachfrage wurde es möglich, hiermit eine dritte, verbesserte und leicht erweiterte Auflage des Büchleins vorzulegen.

Traditionell erlernen Studierende Hebräischvokabeln auf der Basis von einschlägigen Hebräisch-Lehrbüchern, zusammen mit dem grammatischen Stoff und den zugehörigen Übungstexten. Dieses Konzept hat natürlich an sich seine Berechtigung. Dennoch ergeben sich dabei nicht zu unterschätzende Probleme: Vokabel-Lerneinheiten von Lehrbüchern bilden naturgemäß keine thematische Einheit und sie bieten zumeist zu große Lerneinheiten mit etwa 30 oder 40 Vokabeln pro Lektion. Außerdem listen Lehrbücher in aller Regel mit durchschnittlich etwa 700 Vokabeln insgesamt zu viele Vokabeln auf. Solche Faktoren wirken demotivierend auf Studierende. Auch Vokabeltrainer auf CD-ROM sind hier keine wirkliche Alternative. Sie überfordern die Benutzer im Grunde noch stärker, da man hier beim Lernprozess noch weniger geführt wird und die Vokabeln vor allem nach dem wenig sinnvollen Häufigkeitsprinzip „aufgetischt" werden.

Unser Lernvokabular möchte hier Abhilfe schaffen, indem es die Vokabeln in Form von täglichen Lerneinheiten präsentiert, indem es die Vokabeln ferner zugleich in Form von didaktisch sinnvollen Themeneinheiten anordnet, und indem es einen begrenzten, überschaubaren Bestand von nur etwa 500 Vokabeln enthält (zuzüglich 58 Eigennamen). Zugleich bietet das Lernvokabular ein klar strukturiertes Programm für eine überschaubare Lernperiode (z.B. ein Semester) an, mit Wiederholungs-, Vertiefungs- und Systematisierungseinheiten. Dieses Programm ist kombinierbar mit Hebräisch-Lehrbüchern jeder Art und jeder Methodik.

So will unser Lernvokabular primär eine Hilfestellung für Studierende sein: kompakt, handlich und überschaubar, so dass das Vokabellernen in Portionen Spaß bereitet!

Wir danken den Teilnehmern mehrerer Hebräisch-Kurse ab Wintersemester 08/09 für diverse Anregungen. Unser Dank gilt auch allen, die das Manuskript in einem frühen Stadium kritisch durchgesehen haben, vor allem Martin Rösel (Rostock), Heinz-Dieter Neef (Tübingen) und Rüdiger Liwak (Berlin).

Das vorliegende Buch ist der erste Band der Reihe HEBRAICA ET SEMITICA DIDACTICA (HESED). Sie präsentiert fundierte kurze und kostengünstige Lehrmaterialien zum Hebräischen und zu anderen semitischen Sprachen, die für Studierende der Theologie und orientalischer Fachdiszplinen von Interesse sind. In dieser Reihe sind inzwischen zwei weitere Bände erschienen: ***Biblisch-Aramäisch kompakt*** (von J. Tropper und D. Nicolae, 2. Aufl. 2013 [= HESED 2]) und ***Akkadisch für Hebraisten und Semitisten*** (von J. Tropper, 2011 [= HESED 3]). Die Herausgeber danken Herrn Hartmut Spenner für seine Bereitschaft und seinen Mut, diese Reihe zu realisieren. Die Reihe ist dem Gedenken des großen Hebraisten und Aramaisten Johann Buxtorf d. Ä. (1564-1629) gewidmet, in dessen Heimatstadt (Kamen) die Reihe verlegt wird.

Berlin, im April 2015 Juni Hoppe und Josef Tropper

Inhaltsverzeichnis

Einleitung

Das HEBRÄISCH-LERNVOKABULAR möchte das Erlernen eines grundlegenden Wortschatzes des Biblisch-Hebräischen erleichtern. Es umfasst knapp 500 sorgfältig nach Beleghäufigkeit und grammatischen sowie theologischen Kriterien ausgewählte Vokabeln; außerdem 58 der häufigsten Eigennamen alttestamentlicher Prosatexte.

Das Lernvokabular kann idealerweise für ein zehnwöchiges oder zwölfwöchiges Lernprogramm eingesetzt werden, indem man sechs bzw. fünf Lektionen pro Woche (z.B. an sechs / fünf Wochentagen) erlernt. Ein individuelles Lerntempo ist selbstverständlich ebenso möglich. Im Rahmen von Lehrveranstaltungen bietet sich die Durchführung wöchentlicher VOKABELTESTS bzw. ein mündliches Abfragen von Vokabeln einer gewissen Lerneinheit z.B. durch einen Tutor / eine Tutorin an.

Der Lernstoff ist in 60 LEKTIONEN unterteilt. In den ersten 15 Lektionen sind die Vokabeln zusätzlich mit lateinischer UMSCHRIFT versehen. Ferner enthalten die meisten Lektionen EIGENNAMEN, die teilweise mit einem kurzen Kommentar versehen sind (z.B. Rahel - *rāḥel* (PN), Jakobs Frau). Die Lexeme einer Lektion sind nach thematischen, in Ausnahmefällen nach grammatikalischen Aspekten (wie etwa bei den „schwachen" Verben) angeordnet. Die fünf Hauptgruppen der SCHWACHEN

VERBEN (primae Nun; primae infirmae, mediae infirmae [„hohle Wurzeln"], tertiae infirmae und mediae geminatae) werden in spezifischen Lektionen (45; 48; 51; 54; 57) gebündelt behandelt. Die ZAHLEN finden sich in Lektion 56.

Verben, von denen ein gewöhnliches „a"-Perfekt im Qal-Stamm belegt ist, werden unvokalisiert in der Form der 3.P.m.sg. aufgelistet. In diesen Fällen ist gedanklich die /a-a/-Vokalisation hinzuzufügen, z.B. כתב = כָּתַב. Ist ein Verb nicht im Qal bzw. häufiger in anderen Stämmen belegt, wird es beispielsweise wie folgt aufgeführt:

147	דבר דִּבֵּר	*Pi.* reden, sprechen

Die neu zu lernenden Vokabeln befinden sich immer *innerhalb* einer schwarzen Umrandung. Hingegen befinden sich Vokabeln, die bereits in einer früheren Lektion gelernt worden sind und aufgrund thematischer / grammatikalischer Nähe wiederholt aufgeführt werden, *außerhalb* der schwarzen Umrandung. Beispiel:

50	סוּס	Pferd
236	בְּהֵמָה	Tiere, Vieh (*koll.*)
237	חַיָּה	Tier(e), Getier (*koll.*)

Das HEBRÄISCH-DEUTSCHE GLOSSAR am Ende des Buches erlaubt ein schnelles Auffinden von Vokabeln. In diesem Glossar sind auch die Eckformen der Verben aufgeführt, die man aktiv beherrschen sollte. Außerdem sind bei einem Großteil der

Nomina die Nominalbildungstypen aufgelistet. Das Lernvokabular enthält auch ein DEUTSCH-HEBRÄISCHES GLOSSAR, das sich unter anderem für deutsch-hebräische Übersetzungsübungen als nützlich erweisen kann. Die Lexeme sind durchnummeriert, so dass vom Glossar aus das jeweilige Wort in den Lektionen wiedergefunden und zugeordnet werden kann.

Zwischen den Lektionen und den Glossaren befindet sich ein Exkurs zum Thema NOMINALBILDUNGEN. Hier sind die wichtigsten nominalen Bildungstypen des Hebräischen erfasst und mit Beispielen versehen. Diese Bildungstypen sind auch im hebräisch-deutschen Glossar aufgelistet (in der äußersten Spalte).

240	אַ֫יִל	Widder	qatl
7	אִישׁ	Mann, ein jeder	qīl

Abkürzungsverzeichnis

!	Achtung
Art.	Artikel
dt.	deutsch
eig.	eigentlich
EN	Eigenname
etw.	etwas
f./fem.	femininum
Gent.	Gentilicium
hebr.	hebräisch
Hif.	Hifil
Hištaf.	Hištafel
m.	maskulinum
i.d.R.	in der Regel
Imp.	Imperativ
Impf.	Imperfekt
Inf. (cs.)	Infinitiv (constructus)
jem.	jemand/en/m
koll.	kollektiv
m.	maskulinum
Narr.	Narrativ (= Imperfekt consecutivum)
Nif.	Nifal
ON	Ortsname
P.	Person
Perf.	Perfekt
Part.	Partizip
Pass.	Passiv
Pi.	Piel
Pl.	Plural
PN	Personenname
Sg.	Singular
St.abs.	Status absolutus
St.cs.	Status constructus
Suff.	Suffix
vgl.	vergleiche
wörtl.	wörtlich

Lektionenübersicht

Lektion	Thema
1.	Verwandtschaft
2.	Der Mensch und sein Körper
3.	Der Mensch und sein Körper (2)
4.	Natur
5.	Partikeln
6.	Weitere wichtige Nomina
7.	Natur (2)
8.	Zeit(-angaben)
9.	Personalpronomina
10.	Wichtige Adjektive
11.	Demonstrativpronomina und Präpositionen
12.	Fragepronomina
13.	König und Herrschaft
14.	Präpositionen (2)
15.	Kult
16.	Wichtige Verben
17.	Partikeln (2)
18.	Verben des Redens und Schreibens
19.	Unregelmäßige Nomina
20.	Wichtige Verben (2)
21.	Verben der Bewegung
22.	Verben der Bewegung (2)

Stichwortverzeichnis

Lektion 1

Verwandtschaft

1	אָב	Vater *ˀāḇ* [„Ab-raham“]
2	אֵם	Mutter *ˀem*
3	בֵּן	Sohn *ben* [„Ben-Hur“]
4	בַּת	Tochter *bat*
5	אָח	Bruder *ˀāḥ*
6	אָחוֹת	Schwester *ˀāḥôt*
7	אִישׁ	Mann *ˀîš*
8	אִשָּׁה	Frau *ˀiššâ*
9	יִשְׂרָאֵל	Israel *jiśrā'él* (EN)
	בְּנֵי יִשְׂרָאֵל	(die Söhne Israels =) Israeliten *bᵉnê jiśrāˀél*

Lektion 2

Der Mensch und sein Körper

10	אָדָם	Mensch, Menschheit *ʾādām* (PN Adam)
11	מִשְׁפָּחָה	Familie, Sippe *mišpāḥâ* [„Mischpoche"]
12	דּוֹר	Geschlecht, Generation *dôr*
13	עַם הָעָם	Volk *ʿam* *m. Art.*
14	גּוֹי גּוֹיִם	Volk *gôj* *Pl.* Völker *gôjim*
15	לֵב/לֵבָב לִבּוֹ	Herz *leḇ / leḇāḇ* *m. Suff.* sein Herz
16	רֹאשׁ רָאשִׁים	Kopf, (Ober-)Haupt *roʾš* *Pl.* [Buchstabe „Resch"]
17	קוֹל	Stimme, Laut *qôl*
18	יְהוּדָה יְהוּדִי / אִישׁ יְהוּדָה	Juda *j^ehûdâ* (EN) Judäer, Bewohner (Mann) von Juda *j^ehûdî* (Gent.) / *ʾîš j^ehûdâ*

Lektion 3

Der Mensch und sein Körper (2)

19	יָד	*f.* Hand, Seite *jād* [Buchstabe „Jod"]
	יָדַ֫יִם	(zwei/beide) Hände *(Dual)* (paarweise vorhandene Körperteile sind in der Regel feminin)
20	דָּם	Blut *dām*
21	פָּנִים	Angesicht, Oberfläche *pānîm* (Pl. zu פָּנֶה)
	פְּנֵי	*St.cs.*
129	לִפְנֵי	vor (Präp. *l*[e] + *p*[e]*nê*) *lip̱nê*
22	עַ֫יִן	*f.* Auge *ˁájin* Buchstabe „ˁAjin"
	עֵין	*St.cs.*
23	אַף 1	Nase, Zorn *ʔap̱* Dual *ʔappájim*: Gesicht
157	! אַף 2	(Part.) auch, sogar; nur, jedoch
24	פֶּה	Mund, Öffnung *pǣ* Buchstabe „Pe"
	פִּי	*St.cs.*
25	אֹ֫זֶן	*f.* Ohr *ʔózæn*
	אָזְנַ֫יִם	(beide) Ohren *(Dual)* *ʔåznájim*
26	יְרוּשָׁלַ֫יִם	Jerusalem *j*[e]*rûšālájim* (ON)

Lektion 4

Natur

27	אֶ֫רֶץ הָאָ֫רֶץ	*f.* Erde, Land *ˀǽræṣ* das Land *(m. Art.) hāˀā̆ræṣ*
28	אֲדָמָה	Erdboden, Ackerboden *ˀadāmâ*
10	אָדָם	Mensch *ˀādām* [vgl. Adjektiv *ˀādôm* rot, rötlich]
29	שָׂדֶה	Feld, Flur *śādǽ*
30	מַ֫יִם מֵי/מֵימֵי	Wasser (*Pl.*) *májim* [Buchstabe „Mem"] *St.cs. mê(mê)*
31	שָׁמַ֫יִם	Himmel *šāmájim*
32	יָם	Meer *jām*
33	הַר הָהָר הֶהָרִים	Berg *har* der Berg *(m. Art.)* die Berge *(Pl. m. Art.)*
34	גִּבְעָה	Hügel *giḇˁâ*
35	צִיּוֹן	Zion *ṣijjôn* (PN/ON) (Berg in/von) Jerusalem; anderer Name für Jerusalem

Lektion 5

Partikeln

36	הַ·	Artikel *ha* (·) (mit Dagesch forte im folgenden Konsonanten)
	הֶ הָ הַ	(Varianten des Artikels)
37	הֲ	He interrogativum *h^a-* (Fragepartikel)
	הֲ ... אִם	ob ... oder *h^a-...$^?$im*
225	אִם	wenn, falls
38	אוֹ	oder *$^?$ô*
39	וְ	und, aber *w^e* (Waw copulativum)
	וָ וַ וִ וּ	Varianten von וְ
40	לֹא	nicht *(verneint Aussagen) lo$^?$*
41	אַל	nicht *(verneint den Jussiv) $^?$al*
41a	בַּל	Nicht *(seltene Verneinung von Aussagen, vor allem poetisch) bal*
41b	בְּלִי	nicht, ohne *b^elî*

42 43 44	בְּ לְ לִי סוּס כְּ	in, an, mit, durch *b*^{e} zu, nach, für, hinsichtlich *l*^{e} im Nominalsatz im Sinne von „haben“: ich habe ein Pferd *lî sûs* entsprechend, gemäß, wie, etwa *k*^{e}
45	יְהוָה	Jahwe (Gott Israels) = der HERR; auch „Tetragramm“ genannt; lies *ʔ*^{a}*dônāj* („mein Herr“ [Nr. 49])

Lektion 6

Weitere wichtige Nomina

46 47 48 49	אֵל אֱלֹהִים מֶ֫לֶךְ אָדוֹן אֲדֹנָי	Gott *ʔel* Gott, Götter *ʔ*^{æ}*lohîm* (in Israel mit Sg. übersetzt, von der Bildung her Pl.) König *mǽlæḵ* Herr *ʔādôn* [„Adonis“] „mein Herr“ *ʔ*^{a}*donāj* (Qere des Tetragramms יְהוָה [Nr. 45])

50	סוּס	Pferd, Hengst *sûs*
51	סוּסָה	Stute *sûsâ*
52	בַּ֫יִת	Haus, Familie *bájit* Buchstabe „Beth“
	בֵּית	*St.cs. bêt*
53	כֹּל / כָּל־	Gesamtheit; ganz, jeder, alle *kol / kål-*
	קוֹל 17 !	Stimme *qôl*
54	שֵׁם	Name *šem*
	שֵׁמוֹת	*Pl.* (fem. Pluralbildung)
55	עִיר	*f.* Stadt *ʕîr*
	עָרִים	*Pl.*
56	קֶ֫רֶב	Mitte, Inneres *qǽræb*
	בְּקֶ֫רֶב	inmitten *b^e^qǽræb*
57	נֹחַ	Noah *nóaḥ* (PN)

Lektion 7

Natur (2)

58	מִדְבָּר	Wüste, Steppe *midbār*
59	שֶׁ֫מֶשׁ	Sonne *šǽmæš* (vgl. PN Simson / Samson)
60	אֵשׁ	Feuer *ˀeš*
61	אוֹר	Licht *ˀôr*
62	חֹ֫שֶׁךְ	Finsternis *ḥóšæḵ*
63	דֶּ֫רֶךְ	Weg *dǽræḵ*
64	עֵץ	Baum, Holz *ˁeṣ*
65	נָהָר	Fluss *nāhār*
66	נַ֫חַל	Bach, Bachtal *náḥal*
67	אַבְרָהָם	Abraham *ˀaḇrāhām* (PN)
	אַבְרָם	Abram *ˀaḇrām* (PN)

Lektion 8

Zeit(-angaben)

68	עֵת עִתִּים	*f.* Zeit *ʾet* *Pl.*
131 / 132	! אֵת 1/2	1 Nota accusativi / 2 bei, mit
69	יוֹם יָמִים יְמֵי הַיּוֹם	Tag *jôm* *Pl.* *Pl., St.cs.* heute *hajjôm*
70	עוֹד לֹא ... עוֹד	noch, wieder *ʿôd* nicht mehr
71	לַ֫יְלָה הַלַּ֫יְלָה	Nacht *lájlâ* heute Nacht
72	בֹּ֫קֶר	Morgen *bóqær*
73	עֶ֫רֶב	Abend *ʿǽræḇ*
74	חֹ֫דֶשׁ חָדָשׁ	Monat, Neumond *ḥódæš* neu, frisch *ḥādāš*

75	שָׁנָה שָׁנִים	Jahr *šānâ* *Pl.*
76	עוֹלָם לְעוֹלָם	ferne Zeit, Ewigkeit *ʿôlām* auf immer, auf ewig
77	יִצְחָק	Isaak *jiṣḥāq* (PN) Sohn Abrahams

Lektion 9

Personalpronomina

78	אָנֹכִי / אֲנִי	ich *ʾānoḵî* / *ʾᵃnî*
79	אַתָּה	du (*m.*) *ʾattâ*
80	אַתְּ	du (*f.*) *ʾat(t)*
81	הוּא	er *hûʾ*
82	הִיא	sie *hîʾ*
83	אֲנַ֫חְנוּ	wir *ʾᵃnáḥnû*
84	אַתֶּם	ihr (*m.*) *ʾattæm*
85	אַתֵּן / אַתֵּ֫נָה	ihr (*f.*) *ʾatten* / *ʾatténâ*
86	הֵם / הֵ֫מָּה	sie (*Pl. m.*) *hem* / *hémmâ*
87	הֵ֫נָּה	sie (*Pl. f.*) *hénnâ*
88	יַעֲקֹב	Jakob *jaʿᵃqoḇ* (PN) Sohn Isaaks

Lektion 10

Wichtige Adjektive

89	טוֹב	gut, schön *ṭôḇ*
90	רַע	schlecht, böse *raʿ*
91	רַב	viel, zahlreich, groß; Großer, Oberster *raḇ*
	רַבִּים	*Pl. rabbîm* („Rabbi“ = mein Herr)
92	גָּדוֹל	groß *gādôl*
93a	קָטֹן	klein *qāṭon*
93b	קָטָן	klein *qāṭān*
94	צַדִּיק	gerecht *ṣaddîq*
95	חָכָם	weise *ḥāḵām*
96	זָקֵן	alt, alter Mann *zāqen* Pl. „die Ältesten“ [eig.: „bärtig“: *zāqān* „Bart“]
97	חָזָק	stark, fest *ḥāzāq*
98	רָחֵל	Rahel *rāhel* (PN) Jakobs Frau

Lektion 11

Demonstrativpronomina und Präpositionen

99	הִנֵּה / הֵן	siehe! *hinnê / hen*
100	כֹּה	so; hier, jetzt *kô*
101	כֵּן	so; richtig *ken*
102	זֶה הַזֶּה	dieser (*m. Sg.*) *zæ* *m. Art.*
103	זֹאת הַזֹּאת	diese (*f. Sg.*) *zoʾt* *m. Art.*
104	אֵלֶּה הָאֵלֶּה	diese (*Pl.*) *ʾéllæ* *m. Art.*
81a 82a 86a	הַהוּא הַהִיא הָהֵם	jener *hahûʾ* jene (Sg.) *hahîʾ* jene (*Pl.*) *hāhem*
105	יוֹסֵף	Josef *jôsep̱* (PN) einer der zwölf Söhne Jakobs

Lektion 12

Fragepronomina

106	מִי	wer? *mî*
107	מָה מַה / מֶה	was? *mâ / ma / mæ*
108	לָ֫מָּה לָמָ֫ה	warum? *lắmmâ / lāmắ*
109	מַדּ֫וּעַ	warum? *maddûaˁ*
110	אַיֵּה	wo? *ˀajjê*
111	מָתַי	wann? *mātaj*
112	אֵיךְ	wie? *ˀêk̠*
113	אַךְ	ja, fürwahr *ˀak̠*
114	מֹשֶׁה	Mose *mošæ̅* (PN) eigentlicher Begründer der Jahwe-Religion, führt Israel aus Ägypten

Lektion 13

König und Herrschaft

48a	מֶ֫לֶךְ	König *mǽlæḵ*
48b	מלך	König sein, (als König) herrschen

115	מַמְלָכָה	Königtum, -reich *mamlāḵâ*
116	מַלְכוּת	Königtum *malḵût*
117	נָשִׂיא	Fürst, Vorsteher *nāśîʔ*
118	שַׂר	Oberster, Befehlshaber, Fürst *śar*

49	אָדוֹן	Herr *ʔādôn*

119	בַּ֫עַל	Herr, Besitzer; (Ehe-)Mann; kanaanäische Gottheit *báʕal*
120	עֶ֫בֶד	Diener, Knecht, Sklave *ʕǽḇæd*
441	עבד	dienen
121	שִׁפְחָה	Dienerin, Magd, Sklavin *šip̄ḥâ*
122	כִּסֵּא	Thron, Sessel *kisseʔ*
123	שֻׁלְחָן	Tisch *šulḥān*
124	אַהֲרֹן	Aaron *ʔahᵃron* (PN) Moses Bruder

Lektion 14

Präpositionen (2)

125	אֶל	zu, nach *ʾæl*
126	מִן	von – her, aus – herau weg von *min*
127	עַל	auf, über, gegen, wegen *ʿal*
128	תַּ֫חַת	unter; anstelle von *táḥat*
129	לִפְנֵי	vor *lipnê*
21	פָּנִים	Gesicht
130	אַחַר	hinter, nach *ʾaḥar*
	אַחֲרֵי	hinter, nach *ʾaḥ^{a}rê*
131	אֵת / אֶת־	Nota accusativi *ʾet / ʾæt*
	אֹתִי	mich (*mit Suffix*) *ʾotî*
132	אֵת / אֶת־	bei, mit *ʾet / ʾæt*
	אִתִּי	bei mir (*mit Suffix*) *ʾittî*
133	עִם	mit, bei *ʿim*

134	עַד	bis, bis zu *ˁad*
135	בֵּין	zwischen *bên*
136	יְהוֹשׁוּעַ	Josua *jehôšûaˁ* (PN) Moses Nachfolger

Lektion 15

Kult

46	אֵל	Gott *ˀel*
47	אֱלֹהִים	Gott, Götter *ˀælohîm*

137	כֹּהֵן	Priester *kohen*
138	קֹדֶשׁ	Heiligkeit, Heiligtum *qódæš*
139	מִקְדָּשׁ	Heiligtum *miqdāš*
140	טמא	unrein sein, unrein werden
141	טָמֵא	unrein *tāmeˀ*
142	טהר	rein sein
143	טָהוֹר	rein *tāhôr*
144	רָשָׁע רְשָׁעִים	Gottloser, Frevler; schuldig *rāšāˁ* (häufig im) Pl. *rešāˁîm*
145	שְׁמוּאֵל	Samuel *šemûˀel* (PN) Prophet

Lektion 16

Wichtige Verben

146	אמר	sagen, sprechen
	וַיֹּאמֶר	und er sprach *(Narr.)*
146a	לֵאמֹר	folgendermaßen (לְ + Inf.cs.)
147	דבר	
	דִּבֶּר	*Pi.* reden, sprechen
	וַיְדַבֵּר	und er redete *(Narr.)*
165	דָּבָר	Wort
148	עשׂה	machen, tun
	וַיַּעַשׂ	und er tat *(Narr.)*
149	בּוֹא	hineingehen, kommen
	וַיָּבֹא	und er kam *(Narr.)*
150	הלך	gehen, weggehen
	וַיֵּלֶךְ	und er ging *(Narr.)*
151	נתן	geben
	וַיִּתֵּן	und er gab *(Narr.)*
152	לקח	nehmen
	וַיִּקַּח	und er nahm *(Narr.)*
153	היה	sein, werden, geschehen
	וַיְהִי	und er war / und es geschah *(Narr.)* *waj*^{e}*hî* (lies drei Silben!)

154	שָׁאוּל	Saul (PN) erster König von Israel

Lektion 17

Partikeln (2)

155	נָא	doch (oft nach Imperativ/Jussiv)
156	גַּם	auch, sogar (oder einfach nur zur Betonung)
	גַּם - גַּם	sowohl – als auch
157	אַף 2	auch, sogar; nur, jedoch
23	אַף 1 !	Nase, Zorn, Gesicht
158	(*St.cs.*) אֵין, אַיִן	Nichtvorhandensein; es gibt nicht, es ist nicht vorhanden
	עַיִן !	*f.* Auge
159	יֵשׁ / יֶשׁ־	Vorhandensein; es gibt
160	פֹּה	hier
161	שָׁם	dort
	שָׁמָּה	dorthin
162	מְאֹד	sehr
163	מְעַט	ein wenig, wenig
164	דָּוִד	David (PN) Sauls Nachfolger, König von Israel und Juda

Lektion 18

Verben des Redens und Schreibens

146 אמר — sagen, sprechen

147 דבר

דִּבֶּר — *Pi.* reden, sprechen

165	דָּבָר	Wort
166	ענה(1)	antworten
167	קרא	rufen, nennen [vgl. den Koran = Qurʾān]
168	נגד הִגִּיד	 *Hif.* mitteilen, berichten
169	שׁאל	fragen, fordern
170	בקשׁ בִּקֵּשׁ	 *Pi.* suchen, fordern, bitten
171	דרשׁ	suchen, fordern, fragen
172	ספר	zählen, aufzählen *Pi.* erzählen
173	סֵפֶר	Buch
174	סוֹפֵר	Schreiber
175	יְהוֹנָתָן	Jonathan (PN) Sauls Sohn (wörtl.: „Jahwe hat gegeben“)

Lektion 19

Unregelmäßige Nomina

Wort	Bedeutung	Nr.		St.abs.	St.cs.	+ Suff. 1.Sg.c.	+ Suff. 3.Sg.c.
אָב	Vater	1	Sg.	אָב	אֲבִי	אָבִי	אָבִיו
			Pl.	אָבוֹת			
אָח	Bruder	5	Sg.	אָח	אֲחִי		אָחִיו
			Pl.	אַחִים			אֶחָיו
אִישׁ	Mann	7	Sg.	אִישׁ			
			Pl.	אֲנָשִׁים	אַנְשֵׁי		
אִשָּׁה	Frau	8	Sg.	אִשָּׁה	אֵשֶׁת		
			Pl.	נָשִׁים	נְשֵׁי		
בֵּן	Sohn	3	Sg.	בֵּן			
			Pl.	בָּנִים	בְּנֵי		
בַּת	Tochter	4	Sg.	בַּת		בִּתִּי	בִּתּוֹ
			Pl.	בָּנוֹת			
בַּיִת	Haus	52	Sg.	בַּיִת	בֵּית		
			Pl.	בָּתִּים	בָּתֵּי		
יוֹם	Tag	69	Sg.	יוֹם			
			Pl.	יָמִים	יְמֵי		
מַיִם	Wasser	30	Pl.	מַיִם	מֵימֵי/מֵי		

Lektion 20

Wichtige Verben (2)

176	ראה	sehen *Nif.* erscheinen *Hif.* zeigen
177	שׁמע שְׁמַע יִשְׂרָאֵל	hören Höre, Israel! (Dtn 6,4)
178	יסף	*Qal und Hif.* hinzufügen; fortfahren, etwas zu tun, nochmals tun (Name „Josef": „(Gott) möge hinzufügen / hat hinzugefügt")
179	יָכֹל יוּכַל	können, vermögen *Impf.*
180	כּוּן נָכוֹן	*Nif.* fest sein, fest stehen; *Part.* fest, zuverlässig
181	חיה	leben *ḥājâ*
153	היה !	sein
182	שְׁלֹמֹה	Salomo (PN) Davids Nachfolger

Lektion 21

Verben der Bewegung

150	הלך וַיֵּלֶךְ	gehen, weggehen und er ging *(Narr.)*
149	בּוֹא וַיָּבֹא	hineingehen, kommen *Hif.* bringen *Qal* und er kam *(Narr.)*
183	יצא וַיֵּצֵא צֵאת	herausgehen, ausziehen und er zog aus *(Narr.)* *Inf. cs.* Ausgang
184	קוּם מָקוֹם	aufstehen Ort, Stelle
185	ישׁב וַיֵּשֶׁב	sich setzen, sitzen, wohnen, bleiben und er setzte sich *(Narr.)*
186	שׁוּב וַיָּשָׁב	zurückkehren, umkehren und er kehrte zurück *(Narr.)* *wajjāšåḇ*
187	עבר	vorübergehen, vorbeigehen
188	עלה	hinaufsteigen, hinaufgehen *Hif.* hinaufführen
189	ירד	hinabsteigen, hinabgehen
190	מִצְרַיִם	Ägypten (ON) (Dualform; zwei Landesteile: Ober- und Unterägypten)

Lektion 22

Verben der Bewegung (2)

191	עמד	stehen, stehen bleiben, hintreten
192	קרב	nahe sein, sich nähern
56	קֶרֶב	Mitte, Inneres
193	רחק	ferne sein, sich entfernen
194	נגשׁ	herzutreten, sich nähern
195	שִׂים	setzen, stellen, legen *śîm*
196	שִׁית	setzen, stellen, legen *šît*
197	סבב	umgeben, herumgehen, sich wenden
198	סָבִיב	ringsum; Umkreis
	סְבִיבוֹת / סְבִיבֵי	um … herum
199	פנה	sich wenden, sich umdrehen
21	פָּנִים	Gesicht
200	סוּר	weichen, abweichen, sich abwenden
201	עזב	verlassen, zurücklassen
202	סִינַי	Sinai (ON) Wüste; oft auch als Name des Gottesbergs

Lektion 23

Der Mensch und sein Körper (3)

203	רֶ֫גֶל רַגְלַ֫יִם	Fuß *Dual*
19	יָד	Hand

204	פַּ֫עַם	*f.* Fuß, -Mal (beim Zählen)
205	עֶ֫צֶם	*f.* Knochen, Gebein
206	בָּשָׂר	Fleisch; Lebewesen *bāśār*
207	שָׂפָה	Lippe, Sprache, Rand, Ufer
208	לָשׁוֹן	Zunge, Sprache
209	נֶ֫פֶשׁ	*f.* Seele, Kehle, Leben
210	רוּחַ	*f.* Wind, Hauch, Geist
211	כַּף	*f.* Hand(fläche); Fuß(sohle) Buchstabenname „Kaf“
212	יַרְדֵּן	Jordan (EN) Fluss

Lektion 24

Kult (2)

213	עָוֹן	Sünde, Vergehen *ʿāwôn*
214	אָוֶן	Unheil, Frevel
215	חטא	sündigen
216	חַטָּאת	Sünde; Sündopfer
217a	צֶדֶק	*m.* Gerechtigkeit, Recht
217b	צְדָקָה	*f.* Gerechtigkeit, Recht
94	צַדִּיק	gerecht
218	שׁפט	richten
219	שֹׁפֵט	Richter
220	מִשְׁפָּט	Recht, Rechtsspruch
221	צוה	
	צִוָּה	*Pi.* befehlen
222	מִצְוָה	Gebot jüdisches Fest „Bar Mizwa“
144	רָשָׁע	Gottloser, Frevler
223	אֱדוֹם	Edom (PN / ON) südl. Ostjordanland

Lektion 25

Konjunktionen

224	כִּי	1. ja, fürwahr (betonend) 2. denn, weil (kausal) 3. dass (Objektsatz, nach Verben des Sagens u.ä.) 4. wenn, falls (konditional) 5. als, wenn (temporal)
	גַּם כִּי	selbst wenn
225	אִם	wenn, falls; ob
	הֲ ... אִם	Ist es (so) ... oder (so)?, ob … oder (Doppelfrage)
	כִּי אִם	(nach Negation) vielmehr, sondern
226	אֲשֶׁר	Relativpartikel Hilfsübersetzung: „wovon gilt“
227	כַּאֲשֶׁר	(genauso) wie, als, weil (כְּ + אֲשֶׁר)
228	לוּ	wenn doch (irreal) „wenn doch (wäre)...!“
229	לָכֵן	darum, deshalb; fürwahr, gewiss (siehe Nr. 101 כֵּן)
230	עַל כֵּן	darum, deshalb (siehe Nr. 101 כֵּן)
231	בַּעֲבוּר	damit, um...willen

232	לְמַ֫עַן	damit
233	פֶּן	damit nicht
234	בִּלְתִּי	nicht, außer, ohne
	לְבִלְתִּי	damit nicht (Verneinung des Inf. cs.)
235	מוֹאָב	Moab (PN / ON) Ostjordanland

Lektion 26

Tiere

50	סוּס	Pferd
51	סוּסָה	Stute

236	בְּהֵמָה	Tiere, Vieh (*koll.*)
237	חַיָּה	Tier(e), Getier (*koll.*) eig.: Lebendes (Wesen)
	חיה	leben
	חַי	lebendig, lebend, am Leben
238	צֹאן	Kleinvieh: Schafe und Ziegen (*koll.*)
239	עֵז	Ziege
	עִזִּים	*Pl.*
240	אַ֫יִל	Widder

241	בָּקָר	Großvieh, Rinder (*koll.*)
242	חֲמוֹר	Esel
243	עוֹף	Vögel (*koll.*) meist in der Wendung: „Vögel des Himmels“
244	כָּנָף	Flügel
245	עַמּוֹן	Ammon (PN / ON) nördl. Ostjordanland; vgl. Amman, die Hauptstadt Jordaniens
	בְּנֵי עַמּוֹן	(die) Ammoniter (Gent.)

Lektion 27

Partikeln (3)

246	אֵצֶל	neben
247	עֵבֶר	jenseits, drüben
248	נֶגֶד	vor, gegenüber
249	מַעַל	oben
	מִמַּעַל	von oben
250	בְּתוֹךְ	inmitten
	תָּוֶךְ	Mitte, Inneres
251	לִקְרַאת	entgegen (לְ + Inf. cs. von קרא „begegnen“)

252	חוּץ חוּצָה	draußen, eig.: Gasse, Straße (im Gegensatz zu Haus = innen) mit *He locale*: nach draußen
253	גִּלְעָד	Gilead (PN/ON) nördliches Ostjordanland

Lektion 28

Material und Bauten

254	זָהָב	Gold
255	כֶּסֶף	Silber, Geld
256	נְחֹשֶׁת	Kupfer, Bronze
257	בַּרְזֶל	Eisen
258	אֶבֶן	*f.* Stein
259	צוּר	Fels
260	הֵיכָל	Palast, Tempel

52	בַּיִת בֵּית	Haus, Familie *St.cs.*

261	בָּבֶל	Babel; Babylon (ON) Hauptstadt Südmesopotamiens, des Reiches der Babylonier

Lektion 29

Kampf und Krieg

262	מִלְחָמָה	Kampf, Krieg
433	לחם	*Nif.* kämpfen
373	לֶחֶם !	Speise, Brot
263	חֶרֶב	*f.* Schwert, Krieg
264	מַחֲנֶה	Lager, Heerlager
450	חנה	ein Lager aufschlagen, lagern
265	צָבָא	Heer
	יְהוָה צְבָאוֹת	Jahwe Zebaoth = der HERR der Heerscharen
266	רֵעַ	Freund
90	רַע !	schlecht, böse
267	אֹיֵב	Feind
268	צַר (1)	Feind, Widersacher
	צרר (1)	befeindet sein, kämpfen
269	צרר (2)	eng sein, in Angst sein, Angst haben
	צַר לִי	es ist mir bange
	וַיֵּצֶר לוֹ	und es war ihm bange
270	שָׁלָל	Beute
	שׁלל	erbeuten, plündern
271	אַשּׁוּר	Assur (ON) Hauptstadt Nordmesopotamiens, des Assyrerreiches

Lektion 30

Kraft und Arbeit

272	חַיִל חֵיל	Kraft, Macht; Heer(esmacht) *St.cs.*
273	כֹּחַ	Kraft, Vermögen
274	עֹז עֻזִּי	Kraft, Stärke *mit Suff.*
275	גִּבּוֹר	stark, kraftvoll; Held
276 148	מַעֲשֶׂה עשׂה	Arbeit, Tat machen, tun
277	מְלָאכָה	Arbeit, Geschäft („Maloche“)
278 48	מַלְאָךְ מֶלֶךְ !	Bote, Engel *mal'āḵ* König
279	לֵוִי	Levi (PN); Levit (Amtsbezeichnung) Sohn Jakobs, Stamm Israels

Lektion 31

Gewalt

280	נכה הִכָּה	 *Hif.* schlagen
281	נגע	berühren, schlagen
282	שׁבר	zerbrechen, zerschmettern
283 167	קרע קרא !	zerreißen rufen, nennen
284 285	חלק חֵלֶק	teilen, verteilen Anteil, Erbteil, Besitzanteil
286	שׁחת הִשְׁחִית	 *Hif.* verderben, vernichten
287	כרת הִכְרִית	abschneiden, fällen *Hif.* ausrotten
288	הפךְ	wenden, umstürzen
289	בִּלְעָם	Bileam (PN) nichtisraelischer Prophet

Lektion 32

Wissen und Erkennen

290	ידע	wissen, (er)kennen *Hif.* wissen lassen, kundtun
291	דַּעַת	Wissen, Erkenntnis
292	בִּין	verstehen, bemerken, einsehen eig.: unterscheiden
	נָבוֹן	*Nif. Part.* kundig, einsichtig
135	בֵּין	(Präp.) zwischen
293	זכר	sich erinnern, gedenken, erwähnen
294	עֵצָה	Plan, Ratschluss
295	חכם	weise sein
296	חָכְמָה	Weisheit *ḥåkmâ*
95	חָכָם	weise
297	גִּדְעוֹן	Gideon (PN) Richter

Lektion 33

Verben der Bewegung (3)

298	רוּץ	laufen
299	דרך	Treten, schreiten
63	דֶּ֫רֶךְ	Weg
300	רכב	(Wagen) fahren, reiten
301	רֶ֫כֶב	Wagen, Kriegswagen
302	נוּס	fliehen
303	ברח	fliehen
362	ברךְ !	*Pi.* segnen
304	מהר מִהַר	 *Pi.* eilen
305	רדף (אַחֲרֵי)	(jemanden) verfolgen
306	שִׁמְשׁוֹן	Simson (PN) Richter

Lektion 34

Partikeln (4)

307	עַתָּה	nun, jetzt
68	עֵת	*f.* Zeit
308	אָז	damals, dann, danach
309	מֵאָז	seit jeher, seit(dem)
310	טֶ֫רֶם	noch nicht, bevor
	בְּטֶ֫רֶם	noch nicht, bevor
311	יַ֫עַן	wegen, weil
	יַ֫עַן אֲשֶׁר	weil
312	עֵ֫קֶב	wegen
	עֵ֫קֶב אֲשֶׁר	weil
224	כִּי	weil (und andere Bedeutungen)
313	בְּאֵר שֶׁ֫בַע	Beersheba (ON)

Lektion 35

Kult (3)

314	חלל	
	חִלֵּל	*Pi.* entweihen
	הֵחֵל	*Hif.* anfangen
315	כפר	
	כִּפֶּר	*Pi.* Sühne schaffen, sühnen
316	זֶבַח	Schlachtopfer
317	מִזְבֵּחַ	Altar
318	זבח	schlachten, opfern
319	שׁחט	schlachten, „schächten“
320	עֹלָה	Brandopfer
188	עלה	hinaufsteigen *Hif.* darbringen, opfern
321	משׁח	salben
	מָשִׁיחַ	der Gesalbte, „Messias“
322	רחץ	(sich) waschen
323	שֹׁמְרוֹן	Samaria (ON) *šomᵉrôn* Hauptstadt von Israel (Nordreich)

Lektion 36

Adjektive und zugehörige (Zustands-)Verben

324	יטב יִיטַב לוֹ יִיטַב בְּעֵינֵי הֵיטִיב	gut sein es geht ihm gut es ist gut in (jemandes) Augen = es gefällt (ihm) *Hif.* gut handeln, Gutes tun
87	טוֹב	gut
325	רעע	schlecht sein
90	רַע	schlecht
326	כבד	schwer sein *Pi.* ehren („gewichtig machen“)
327	כָּבֵד	schwer
328	כָּבוֹד	Ehre, Herrlichkeit
329	קלל קִלֵּל	leicht sein, gering sein *Pi.* verfluchen („gering machen“)
330	קַל	leicht (Name des Verbalstammes „Qal“)
331	קָטֹן	klein sein, gering sein („*o*-Perfekt“)
93 a/b	קָטָן / קָטֹן	klein
332	גדל	groß sein Hif. groß machen
92	גָּדוֹל	groß

333	אמן נֶאֱמַן הֶאֱמִין אָמֵן	 *Nif.* zuverlässig / treu sein *Hif.* glauben „Amen“ = wahrlich!, gewiss! (*eig. Adjektiv*: zuverlässig)
334	שְׁכֶם	Sichem (ON) (von zentraler Bedeutung in der Frühzeit Israels)

Lektion 37

Emotionen

335 336	אהב שָׂנֵא	lieben hassen
337 338	שׂמח שִׂמְחָה	sich freuen Freude
339	בכה וַיֵּבְךְּ	weinen *Narr.*
340 176	יָרֵא יִירָא ראה !	Angst haben, sich fürchten *Impf.* sehen
341	חרה וַיִּחַר לוֹ	entbrennen, zornig werden *Narr.* und er wurde zornig
342	בּוֹשׁ	sich schämen
343	יְרִיחוֹ	Jericho (ON)

Lektion 38

Gesetz

344	חֹק	Bestimmung, Vorschrift
	חֻקִּים	*Pl.*
345	חֻקָּה	Ordnung, Satzung
346	מִצְוָה	Gebot

220	מִשְׁפָּט	Recht, Rechtsspruch
219	שֹׁפֵט	Richter

347	תּוֹרָה	Weisung, Gesetz
348	ירה	
	הוֹרָה	*Hif.* lehren, unterweisen
349	שׁמר	hüten, bewachen, einhalten („Schmiere" stehen) *Nif. / Hitp.* sich hüten
350	רִיב	streiten
351	רִיב	(Rechts-) Streit
352	בְּרִית	Bund
	כרת בְּרִית	einen Bund schließen (eig.: einen Bund schneiden)
353	כְּנַעַן	Kanaan (PN/ON)
	כְּנַעֲנִי	Kanaanäer, Kanaaniter (Gent.)

Lektion 39

Kult und Religion

354	נבא	
	נִבָּא	*Nif.* als Prophet auftreten
355	נָבִיא	Prophet
356	פלל	
	הִתְפַּלֵּל	*Hit.* beten
357	תְּפִלָּה	Gebet
358	הלל	
	הִלֵּל	*Pi.* rühmen, preisen („Halleluja“ = „preiset Jahwe!“)
359	תְּהִלָּה	Ruhm, Lobpreis
360	ידה	
	הוֹדָה	*Hif.* preisen, bekennen
361	פְּלִשְׁתִּי	Philister (EN) (geographischer Begriff Philistäa ~ Palästina)

Lektion 40

Segen und Fluch

362	ברך בֵּרַךְ יְבָרֵךְ וַיְבָ֫רֶךְ	 *Pi.* segnen *Impf.* *Narr.*
363	בְּרָכָה	Segen
364	בָּרוּךְ	gesegnet (PN „Baruch“)
365	ארר	verfluchen
329	קלל קִלֵּל	leicht sein, gering sein *Pi.* verfluchen
366	שׁבע נִשְׁבַּע	 *Nif.* schwören
367	נֶ֫דֶר	Gelübde
368	חַג / חָג	Fest
369	יָרָבְעָם	Jerobeam (PN) *jārå<u>b</u>ʕām* König von Israel (Nordreich)

Lektion 41

Ernährung

370	רָעָב	Hunger; Hungersnot
371	אכל יֹאכַל	essen *Impf.*
372	שׂבע	satt sein
373	לֶחֶם	Brot, Speise (ON Bethlehem = „Brothausen“)
374	דְּבַשׁ	Honig
375	יַיִן	Wein (das hebr. Wort entspricht etymologisch dem dt. Wort „Wein“)
376	שׁתה וַיֵּשְׁתְּ	trinken *Narr.* *wajješt*
377	שׁקה הִשְׁקָה	 *Hif.* tränken
378	אַחְאָב	Ahab (PN) König von Israel (Nordreich)

Lektion 42

Alltag

379a	לבש	sich (ein Kleid) anziehen
379b	לְבוּשׁ	Kleid, Gewand
380	בֶּגֶד	Kleid, Gewand
381	ילד	gebären, erzeugen
382a	יֶלֶד	Kind, Knabe
382b	נַעַר	Knabe, Junge; Diener
383	שׁבת	aufhören, ruhen
384	שַׁבָּת	Sabbat
385	נוּחַ	ruhen; sich niederlassen [vgl. PN „Noah“ (Nr. 57)]
386a	שִׁיר	singen
386b	שִׁיר	Lied
387	יְהוֹשָׁפָט	Joschafat (PN) König von Juda (Südreich); wörtl.: Jahwe hat gerichtet / zum Recht verholfen

Lektion 43

Alltag (2)

388	שׁכב	sich niederlegen, schlafen
389	לִין	übernachten
71	לַיְלָה	Nacht (etymologisch verwandt)
390a	חֲלוֹם	Traum
390b	חלם	träumen
391	שׁכם	
	הִשְׁכִּים	*Hif.* früh aufstehen, etwas früh tun
392	נסע	herausziehen; aufbrechen, weiterziehen
393	שׁכן	wohnen, sich niederlassen („Schechina“, die „Einwohnung“ Jahwes in Israel)
394	מִשְׁכָּן	Wohnung
395	חִזְקִיָּהוּ	Hiskia (PN) König von Juda (Südreich); wörtl.: „(meine) Stärke ist Jahwe“

Lektion 44

Ergreifen und Sammeln

396	נשׂא	erheben, hochheben, tragen *nāśā(?)*
392	נסע !	herausziehen; aufbrechen
397	תפשׂ	packen, ergreifen, anfassen (+בְּ etwas / jemanden)
398	חזק הֶחֱזִיק	stark sein, fest sein *Hif.* packen, ergreifen (+בְּ etwas / jemanden)
399	אחז	packen, festhalten (+בְּ etwas / jemanden)
400	אסף	(ein)sammeln, wegnehmen *Nif.* versammelt werden („mit / zu den Vätern versammelt werden“ = sterben)
401	קהל	*Nif.* sich versammeln *Hif.* versammeln (transitiv)
402	קָהָל	Versammlung, Schar, Menge; (jüdische) Gemeinde [vgl. PN „Qohelet“]
403	עֵדָה	Ansammlung, Gemeinde
404	יֹאשִׁיָּהוּ	Joschija (PN) König von Juda (Südreich)

Lektion 45

Verben *primae Nun*

194	נגשׁ	herzutreten, sich nähern
	יִגַּשׁ	*Impf.*
	גַּשׁ	*Imp.*
	גֶּשֶׁת	*Inf.cs.*
151	נתן	geben
	יִתֵּן	*Impf.*
	תֵּן	*Imp.*
	תֵּת	*Inf.cs.*
281	נגע	berühren, schlagen
354	נבא	
	נִבָּא	*Nif.* als Prophet auftreten
168	נגד	
	הִגִּיד	*Hif.* mitteilen, berichten
392	נסע	herausziehen; aufbrechen, weiterziehen
396	נשׂא	erheben, hochheben, tragen
152	לקח	nehmen
	קַחַת	*Inf. cs.*

405	נחל	in Besitz nehmen, erben
406	נפל יִפֹּל נְפֹל	fallen *Impf.* *Imp.*
407	נחם נִחַם נִחַם	 *Pi.* trösten [*Part.* PN Menachem] *Nif.* bereuen, bedauern

Lektion 46

Ethische Werte

89	טוֹב	gut
94	צַדִּיק	gerecht
217 a/b	צְדָקָה / צֶדֶק	Gerechtigkeit, Recht

408	חנן	gnädig sein
409	חֵן	Gnade, Gunst, Beliebtheit
410	חֶסֶד	Gnade, Huld
411	אֱמֶת	Treue, Zuverlässigkeit, Wahrheit *ʔæmǽt* (endbetont!)
412	שָׁלוֹם	Friede, Heil
413	יְשׁוּעָה	Hilfe; Heil; Rettung (Wurzel ישׁע; vgl. PN Josua und PN Jesus)
414	נָתָן	Nathan (PN) Prophet zur Zeit Davids; wörtl.: „(Gott) hat gegeben“

Lektion 47

Tod

415	אבד	zugrunde/ verloren gehen, umkommen
	הֶאֱבִיד	*Hif.* ausrotten
416	מוּת	sterben
	מֵת	*Perf.*
	הֵמִית	*Hif.* töten
	מֵת	tot; (ein) Toter
417	מָוֶת	Tod
	מוֹת	*St.cs.*
418	הרג	töten
419	קטל	töten (oft als Paradigmenverb benutzt)
420	קבר	begraben („makaber“ leitet sich von dieser semitischen Wurzel ab)
421	קֶבֶר	Grab
422	שְׁאוֹל	*f.* Totenreich, Unterwelt, die „Scheol“
423	אֵלִיָּהוּ	Elija (PN) Prophet
424	אֱלִישָׁע	Elischa (PN) Prophet, Elijas Nachfolger

Lektion 48

Verben *primae Waw* und *primae Jod*

185 ישׁב — sich setzen, sitzen, wohnen, bleiben (Verb *primae Waw*)
יֵשֵׁב — *Impf.*
וַיֵּשֶׁב — *Narr.*
שֵׁב — *Imp.*
שֶׁבֶת — *Inf. cs.*

340 יָרֵא — sich fürchten (Verb *primae Jod*)
יִירָא — *Impf.*
יִרְאָה — *Inf.cs.* (!)

381 ילד — gebären, zeugen

290 ידע — wissen, erkennen
הוֹדִיעַ — *Hif.* kundtun

150 הלך — gehen, weggehen
יֵלֵךְ — *Impf.*
לֵךְ — *Imp.*
לֶכֶת — *Inf.cs.*

324 יטב — gut sein
הֵיטִיב — *Hif.* gut handeln, Gutes tun

179 יָכֹל — können, vermögen
יוּכַל — *Impf.*

178	יסף	*Qal* u. (häufiger) *Hif.*: hinzufügen; fortfahren, etwas zu tun
183	יצא	hinausgehen, ausziehen
189	ירד	hinabsteigen, -gehen

425	ירשׁ	erben, in Besitz nehmen
426	ישׁע	
	הוֹשִׁיעַ	*Hif.* helfen, retten („Hosianna“, wörtl.: "hilf doch!")
427	יתר	
	נוֹתַר	*Nif.* übrig bleiben
	הוֹתִיר	*Hif.* übrig lassen

Lektion 49

Planen und Erobern

428	כתב	schreiben (Paradigmenverb)
429	יעץ	planen, beraten
294	עֵצָה	*f.* Plan, Ratschluss
430	חשׁב	denken, planen
431	בטח	vertrauen
432	שׁלח	*Qal* schicken, senden, (Hand) ausstrecken *Pi.* wegschicken, entlassen
433	לחם	
	נִלְחַם	*Nif.* kämpfen
262	מִלְחָמָה	Kampf, Krieg
434	לכד	fangen, einnehmen, erobern
435	כְּלִי	Gerät, Gefäß, Waffe
436	גְּבוּל	Grenze; Gebiet
437	עִיר	Stadt
	עָרִים	*Pl.*
438	יְשַׁעְיָהוּ	Jesaja (PN) Prophet

Lektion 50

Handel, Außenbeziehung, Besitz

425	ירשׁ	erben
439	קנה	kaufen, erwerben; schaffen
440	מכר	verkaufen
441	עבד	arbeiten, dienen
120	עֶ֫בֶד	Diener, Knecht
442	נַחֲלָה	Erbbesitz
443	גֵּר	Fremdling, „Schutzbürger“
444	גּוּר	sich als Fremdling aufhalten
445	זָר	Fremder
446	אֶבְיוֹן	arm, bedürftig
447	גנב	stehlen
448	יִרְמְיָ֫הוּ	Jeremia (PN) Prophet
449	יְחֶזְקֵאל	Ezechiel, Hesekiel (PN) Prophet; *j*^{e}*ḥæzq(*$^{?}$*)el* < **jæḥ*^{æ}*zaq-*$^{?}$*el* „El/Gott war stark / möge stark sein“

Lektion 51

Verben *tertiae infirmae*

339	בכה	weinen
	וַיֵּבְךְּ	*Narr.*
153	היה	werden, geschehen, sein
	יִהְיֶה	*Impf.*
	וַיְהִי	*Narr.*
	יְהִי	*Juss.*
	הֱיֵה	*Imp.*
	הֱיוֹת	*Inf.cs.*
181	חיה	leben
188	עלה	hinaufgehen
	הֶעֱלָה	*Hif.* hinaufführen
	יַעֲלֶה	*Qal/ Hif. Impf.*
	וַיַּעַל	*Qal/ Hif. Narr.*
166	ענה	antworten
148	עשׂה	machen, tun
221	צוה	
	צִוָּה	*Pi.* befehlen
199	פנה	sich wenden, sich umdrehen

176	ראה	sehen *Nif.* erscheinen *Hif.* zeigen
	יִרְאֶה	*Qal Impf.*
	וַיַּרְא	*Qal Narr.* = *Hif. Narr. wajjar(?)*
	וַיֵּרָא	*Nif. Narr.*
376	שׁתה	trinken
377	הִשְׁקָה	*Hif.* tränken

450	חנה	ein Lager aufschlagen, belagern
264	מַחֲנֶה	Lager, Heerlager
451	אבה	wollen
452	בנה	bauen
453	גלה	aufdecken, offenbaren
	הִגְלָה	*Hif.* ins Exil führen
454	חוה	
	הִשְׁתַּחֲוָה	*Hištaf.* sich verneigen, anbeten
455	חזה	schauen, sehen
456	חֹזֶה	Seher, Prophet
457	רבה	viel sein / werden, zahlreich sein / werden
458	חלה	krank sein
459	רעה	weiden, (Schafe) hüten
176	ראה !	sehen
325	רעע !	schlecht sein

Lektion 52

Begegnung und Kult (4)

460	אֹהֶל	Zelt
461	מוֹעֵד אֹהֶל מוֹעֵד	Treffpunkt, Begegnung Zelt der Begegnung, „Stiftshütte“
462	מצא	finden
463	מִנְחָה	Geschenk, Gabe, Opfer
464	אֲרוֹן	Kasten, (Bundes-)Lade
465	בָּמָה	Anhöhe, Kulthöhe
466	נְאֻם נְאֻם יהוה	Ausspruch, Spruch „Spruch des HERRN“
467	אוֹת	Zeichen
131	את־ !	*Nota accusativi* mit *Suff.* (oft auch plene geschrieben)
468	חרף	*Qal* und *Pi.* (חֵרֵף): schmähen, höhnen
468a	חֶרְפָּה	Schmähung, Schmach, Schande
469	עָמוֹס	Amos (PN) Prophet

Lektion 53

Architektur

470	דֶּלֶת	*f.* Tür, Türflügel Buchstabenname Daleth
471	שַׁעַר	Tor
472	פתח	öffnen
473	פֶּתַח	Öffnung, Eingang
474	רוּם	hoch sein, erhaben sein
475	חוֹמָה	Mauer
476	חָצֵר	Hof, Vorhof; Siedlung, Gehöft
477	הוֹשֵׁעַ	Hosea (PN) Prophet

Lektion 54

Verben *mediae infirmae*

184	קוּם	aufstehen
	קָם	*Perf.*
	יָקוּם	*Impf.*
	וַיָּקָם	*Narr.* *wajjáqåm*
	קוּם	*Imp. / Inf. cs.*
	קָם	*Part.*
186	שׁוּב	zurückkehren, umkehren
416	מוּת	sterben, tot sein
	מֵת	*Perf.*
385	נוּחַ	ruhen; sich niederlassen
	הֵנִיחַ	*Hif. I* Ruhe verschaffen
	הִנִּיחַ	*Hif. II* stellen, setzen, niederlegen, lassen
302	נוּס	fliehen
200	סוּר	weichen, abweichen
298	רוּץ	laufen
444	גּוּר	sich als Fremdling aufhalten

180	כּוּן	
	נָכוֹן	*Nif.* fest sein, fest stehen
	נָכוֹן	*Nif. Part.* fest, zuverlässig
	כּוֹנֵן	*Polel* (fest) gründen, befestigen
474	רוּם	hoch sein
	רוֹמֵם	*Polel* erhöhen, preisen
149	בּוֹא	hineingehen, kommen
	בָּא	*Perf.*
	יָבוֹא	*Impf.*
	וַיָּבֹא	*Narr.*
	בּוֹא / בֹּא	*Imp.* und *Inf. cs.*
	בָּא	*Part.*
342	בּוֹשׁ	sich schämen
	יֵבוֹשׁ	*Impf.*

195	שִׂים	setzen, stellen, legen
	שָׂם	*Perf.*
	יָשִׂים	*Impf.*
	וַיָּשֶׂם	*Narr.* *wajjáśæm*
	שִׂים	*Imp./ Inf. cs.*
	שָׂם	*Part.*
196	שִׁית	setzen, stellen, legen
292	בִּין	verstehen, bemerken, einsehen
389	לִין	übernachten
350	רִיב	streiten

Lektion 55

Not und Rettung

426	ישׁע	
		Hif. helfen, retten

478	עָנה (2)	elend sein
	עִנָּה	*Pi.* bedrücken
166	! עָנה (1)	antworten
479	עָנִי	arm, elend
480	עֳנִי	Elend, Not
481	עזר	helfen, unterstützen
482	גאל	auslösen, loskaufen (aus Schuldsklaverei), erlösen
	גֹּאֵל	*Part.* (Er)löser
483	מלט	
	נִמְלַט	*Nif.* entrinnen
	מִלֵּט	*Pi.* erretten
484	נצל	
	הִצִּיל	*Hif.* retten
485	אִיּוֹב	Hiob

Lektion 56

Zahlen

486	1	אֶחָד
487	2	שְׁנַ֫יִם
488	3	שְׁלֹשָׁה
489	4	אַרְבָּעָה
490	5	חֲמִשָּׁה
491	6	שִׁשָּׁה
492	7	שִׁבְעָה
493	8	שְׁמֹנָה
494	9	תִּשְׁעָה
495	10	עֲשָׂרָה
496	20	עֶשְׂרִים
497	30	שְׁלֹשִׁים
498	40	אַרְבָּעִים
499	50	חֲמִשִּׁים
500	100	מֵאָה
		מְאַת (cs.)
501	1000	אֶ֫לֶף

Lektion 57

Verben *mediae geminatae*

197	סבב	umgeben, umgehen, sich wenden
	יָסֹב	*Impf.*
	יִסֹּב	*Impf.* aramaisierend
	וַיָּ֫סָב	*Narr.* *wajjásåḇ*
	סֹב	*Imp.* + *Inf. cs.*
365	ארר	verfluchen
	אָרוּר	*Part. Pass.* verflucht
329	קלל	leicht sein, gering sein
	קִלֵּל	*Pi.* verfluchen
408	חנן	gnädig sein
	חָנֵּ֫נִי	sei mir gnädig! *ḥånnénî* *(Imp. + Suff.)*
268	צרר(1)	befeindet sein, kämpfen
269	צרר(2)	eng sein
314	חלל	
	חִלֵּל	*Pi.* entweihen
	הֵחֵל	*Hif.* anfangen
358	הלל	rühmen, preisen
325	רעע	schlecht sein
	יֵרַע בְּעֵינֵי	*Impf.* es ist schlecht in (jemandes) Augen = es missfällt (ihm)

Lektion 58

Vollendung

427	יתר	
	נוֹתַר	*Nif.* übrig bleiben
457	רבה	viel, zahlreich sein (häufig)
	רבב	viel, groß sein (als Verb selten belegt)
	רַב	viel, groß
	רֹב	Menge
	רְבָבָה	unendlich viele; (Zahl) 10000

502	שׁאר	
	נִשְׁאַר	*Nif.* übrig bleiben
503	שָׁלֵם	unversehrt, wohlbehalten, vollständig sein
	שִׁלַּם	*Pi.* vollständig machen; vergelten (positiv u. negativ)

412	שָׁלוֹם	Friede, Heil

504	תמם	vollständig sein
505	תָּמִים	vollständig, untadelig
506	מָלֵא	voll, vollständig sein
	מִלֵּא	*Pi.* anfüllen, füllen
507	מָלֵא	voll, gefüllt
508	כלה	zu einem Ende kommen, fertig sein
	כִּלָּה	*Pi.* vollenden, zu Ende führen; aufhören
509	דָּנִיֵּאל	Daniel

Lektion 59

Verschiedenes

510	לְבַד	allein (Präp. l^e + *bad* „Teil"); oft mit *Suff.*: ich / du / er allein (etc.)
511	צָרָה	Angst, Bedrängnis, Not (von צרר$_2$ eng sein [Nr. 269])
512	חָמָס	Gewalttat
513	מאס	verwerfen, verschmähen
514	בער	brennen
	בִּעֵר	*Pi.* anzünden, verbrennen

515	שׂרף	brennen, verbrennen (vgl. „(Cherubim und) Serafim“)
516	שֶׁ֫מֶן	Öl, Fett
517	פקד	heimsuchen, beauftragen; mustern; *Hif.* einsetzen über
518	חָפֵץ	Gefallen haben an, wollen
519	בַּ֫עַל	Baal (kanaanäischer Wettergott)
520	אֲשֵׁרָה	Aschera (kanaanäische Göttin; Gattin des Gottes El)

Lektion 60

Verschiedenes (2)

521	יָמִין	rechts, Süden (man orientiert sich nach Osten)
522	יָשָׁר	gerade, richtig, recht
523	אַמָּה	Elle (Längenmaß)
524	שֶׁ֫קֶל	Schekel (Gewichts- und Zahlungseinheit, auch heute in Israel)
525	אַחֵר	(ein) anderer/ weiterer

526	רִאשׁוֹן	erster, Früherer
16	רֹאשׁ	Kopf
527	בְּכוֹר	Erstgeborener
528	זֶרַע	Same, Nachkommenschaft
529	לָמַד לִמַּד	lernen *Pi.* lehren (Talmud = „Lehre“)
530	מַטֶּה	Stab, Stock
531 532	קֵץ קָצֶה	Ende Ende
533	עִבְרִי	Hebräer (*Fem.* dazu: עִבְרִית „Ivrit“ = die hebräische (Sprache))

Nominalbildungen

	Singular		Plural	
	St. abs.	St. cs.	St. abs.	St. cs.
qal	יָד	יַד	יָדַיִם	יְדֵי

dazu gehören auch: דָּם und zu qal (f.): שָׁנָה שָׂפָה בָּמָה

qil	עֵץ

dazu gehören auch: שֵׁם בֵּן אֵל ; zu qil (f.) gehören: עֵדָה מֵאָה

---

qīl	עִיר

dazu gehören auch: אִישׁ

qūl	סוּס

dazu gehören auch: צוּר

---

qall	עַם	עַם	עַמִּים	עַמֵּי

dazu gehören auch: חַג שַׂר הַר רַב צַר קַל כַּף יָם

und zu qall (f.): צָרָה אַמָּה

qill	לֵב	לֵב	לִבּוֹת	לִבּוֹת
	עֵת	עֵת	עִתִּים	עִתֵּי

dazu gehören auch: עֵז חֵן אֵת אֵשׁ אֵם und zu qill (f.): אִשָּׁה

qull	חֹק	חָק־	חֻקִּים	חֻקֵּי

dazu gehören auch: עֹז כֹּל und zu qull (f.): חֻקָּה

qatl | מַלְכֵי מְלָכִים | מֶ֫לֶךְ מֶ֫לֶךְ

dazu gehören auch:
קֶרֶב עֶצֶם אֶבֶן נֶפֶשׁ עֶרֶב עֶבֶד חֶרֶב חֶסֶד אֶרֶץ רֶגֶל אֶלֶף דֶּרֶךְ
פֶּתַח זֶרַע זֶבַח
לֶחֶם פַּעַם בַּעַל שַׁעַר נַחַל נַעַר
מָוֶת אָוֶן
יַיִן בַּיִת אַיִן אַיִל חַיִל
רֹאשׁ צֹאן עוֹף קוֹל טוֹב יוֹם

qitl | סִפְרֵי סְפָרִם | סֵ֫פֶר סֵ֫פֶר

dazu gehören auch: שִׁיר רִיב שֶׁקֶל עֵבֶר חֵלֶק פְּרִי עֵז זֶבַח
und zu qitl (f.): מִנְחָה

qutl | קֹ֫דֶשׁ

dazu gehören auch: חוּץ רוּחַ חֹשֶׁךְ אֹזֶן עֳנִי אֹהֶל חֹדֶשׁ בֹּקֶר
und zu qutl (f.): חָכְמָה

---

qatal | דִּבְרֵי דְּבָרִים | דְּבַר דָּבָר

dazu gehören auch: נָהָר חָמָס חָדָשׁ חָכָם חָזָק בָּקָר בָּשָׂר אָדָם שָׂדֶה
צָבָא רָשָׁע רָעָב
und zu qatal (f.): צְדָקָה אֲדָמָה בְּרָכָה

qatil | זָקֵן

dazu gehören auch: מָלֵא כָּבֵד טָמֵא חָצֵר זָר(?) גֵּר
und zu qatil (f.): בְּהֵמָה אֱמֶת

qatul | גָּדוֹל

dazu gehören auch: כָּבוֹד טָהוֹר

qatāl שָׁלוֹם

dazu gehört auch: אֲרוֹן

qātal עוֹלָם

qātil (Part.Qal) שֹׁפֵט

dazu gehören auch: סוֹפֵר כֹּהֵן

qatīl נָבִיא

dazu gehören auch: תָּמִים עָנִי סָבִיב נָשִׂיא יָמִין

qatūl (Part. Pass.) בָּרוּךְ

dazu gehört auch: גְּבוּל und zu qatūl (f.): יְשׁוּעָה

qattīl צַדִּיק

---

m- **Präfix** מַלְאָךְ

dazu gehören auch: מָקוֹם מִקְדָּשׁ מַעֲשֶׂה מַחֲנֶה מִזְבֵּחַ מוֹעֵד מִדְבָּר מִשְׁפָּט

und feminin sind: מִשְׁפָּחָה מִצְוָה מַמְלָכָה מִלְחָמָה מְלָאכָה

t- **Präfix** תְּהִלָּה

dazu gehören auch: תְּפִלָּה תּוֹרָה

ūt- **Suffix** מַלְכוּת

Liste der Eigennamen

		Nummer
אַהֲרֹן	Aaron	124
אַבְרָהָם	Abraham	67
מִצְרַ֫יִם	Ägypten	190
אַחְאָב	Ahab	378
עַמּוֹן	Ammon	245
בְּנֵי עַמּוֹן	Ammoniter	245
עָמוֹס	Amos	469
אֲשֵׁרָה	Aschera	520
אַשּׁוּר	Assur	271
בַּ֫עַל	Baal	519
בָּבֶל	Babel; Babylon	261
בְּאֵר שֶׁ֫בַע	Beersheba	313
בִּלְעָם	Bileam	289
דָּנִיֵּאל	Daniel	509
דָּוִד	David	164
אֱדוֹם	Edom	334
אֵלִיָּ֫הוּ	Elija	423

אֱלִישָׁע	Elischa	424
יְחֶזְקֵאל	Ezechiel, Hesekiel	449
גִּדְעוֹן	Gideon	297
גִּלְעָד	Gilead	253
עִבְרִי	Hebräer	533
אִיּוֹב	Hiob	485
חִזְקִיָּהוּ	Hiskia	395
הוֹשֵׁעַ	Hosea	477
יִצְחָק	Isaak	77
יִשְׂרָאֵל	Israel	9
יְהוָה	Jahwe	45
יַעֲקֹב	Jakob	88
יִרְמְיָהוּ	Jeremia	448
יְרִיחוֹ	Jericho	343
יָרָבְעָם	Jerobeam, König von Israel (Nordreich)	369
יְרוּשָׁלַיִם	Jerusalem	26
יְשַׁעְיָהוּ	Jesaja	438
יְהוֹנָתָן	Jonathan	175

יַרְדֵּן	Jordan	212
יְהוֹשָׁפָט	Joschafat	387
יֹאשִׁיָּהוּ	Joschija	404
יוֹסֵף	Josef	105
יְהוֹשׁוּעַ	Josua	136
יְהוּדָה	Juda	18
יְהוּדִי אִישׁ יְהוּדָה	Judäer Bewohner von Juda	18
כְּנַעַן	Kanaan	353
כְּנַעֲנִי	Kanaanäer	353
לֵוִי	Levi; Levit	279
מוֹאָב	Moab	235
מֹשֶׁה	Mose	114
נָתָן	Nathan	414
נֹחַ	Noah	57
פְּלִשְׁתִּי	Philister	361
רָחֵל	Rahel	98
שְׁלֹמֹה	Salomo	182
שֹׁמְרוֹן	Samaria	323
שְׁמוּאֵל	Samuel	145

שָׁאוּל	Saul	154
שְׁכֶם	Sichem	334
שִׁמְשׁוֹן	Simson	306
סִינַי	Sinai	202
צִיּוֹן	Zion	35

Deutsch-hebräisches Glossar

A

Aaron	אַהֲרֹן	124
Abend	עֶרֶב	73
aber; und	וְ	39
Abraham	אַבְרָהָם	67
Abram	אַבְרָם	67
abschneiden, fällen *Hif.* ausrotten	כרת	287
abweichen, weichen	סוּר	200
acht	שְׁמֹנָה	493
Ackerboden, Erdboden	אֲדָמָה	28
Ägypten	מִצְרַיִם	190
Ahab	אַחְאָב	378
Ahne, Vater	אָב	1
alle, ganz, jeder; Gesamtheit	כֹּל / כָּל־	53
allein	לְבַד	510
als, wie, weil (כְּ + אֲשֶׁר)	כַּאֲשֶׁר	227
als; dass; wenn; weil; denn; fürwahr	כִּי	224
alt	זָקֵן	96
Altar	מִזְבֵּחַ	317
Ammon	עַמּוֹן	245
Ammoniter	בְּנֵי עַמּוֹן	245
Amos	עָמוֹס	469
an, in, mit	בְּ	42

Hištaf. anbeten, sich verneigen	חוה הִשְׁתַּחֲוָה	454
anderer, ein anderer	אַחֵר	525
Hif. anfangen	חלל הֵחֵל	314
anfassen, ergreifen, packen	תפשׂ	397
Angesicht, Oberfläche	פָּנִים	21
Angst, Not, Bedrängnis	צָרָה	511
Angst haben, eng sein, in Angst sein	צרר(2)	269
Anhöhe, Kulthöhe	בָּמָה	465
Anteil, Erbteil, Besitzanteil	חֵ֫לֶק	285
antworten	ענה(1)	166
(sich) anziehen	לבשׁ	379
Pi. anzünden, verbrennen	בער בִּעֵר	514
Arbeit, Geschäft	מְלָאכָה	277
Arbeit, Tat	מַעֲשֶׂה	276
arbeiten, dienen	עבד	441
arm, bedürftig	אֶבְיוֹן	446
arm, elend	עָנִי	479
(Artikel)	הַ·	36
Aschera	אֲשֵׁרָה	520
Assur	אַשּׁוּר	271
auch, sogar	גַּם	156
auch, sogar; nur, jedoch	אַף(2)	157
auf, über, gegen, wegen	עַל	127

aufbrechen, weiterziehen	נסע	392
aufdecken, offenbaren *Hif.* ins Exil führen	גלה	453
aufhören, ruhen	שׁבת	383
aufstehen	קוּם	184
(auf)zählen	ספר	172
f. Auge	עַ֫יִן	22
aus – heraus, von – her, weg – von	מִן	126
Ausgang *(Inf. cs. von* יצא)	צֵאת	183
auslösen, erlösen	גאל	482
außer, nicht, ohne	בִּלְתִּי	234
außer wenn, sondern	כִּי אִם	225
Ausspruch	נְאֻם	466
ausstrecken, schicken, senden	שׁלח	432
ausziehen, hinausgehen	יצא	183

B

Baal	בַּ֫עַל	519
Babel; Babylon	בָּבֶל	261
Bach, Bachtal	נַ֫חַל	66
bauen	בנה	452
Baum	עֵץ	64
Nif. bedauern	נחם נִחַם	407
Bedrängnis, Angst, Not	צָרָה	511
Pi. bedrücken	ענה עִנָּה	478
bedürftig	אֶבְיוֹן	446

Beersheba	בְּאֵר שֶׁ֫בַע	313
Pi. befehlen	צוה צִוָּה	221
Befehlshaber, Oberster, Fürst	שַׂר	118
befeindet sein, kämpfen	צרר$_{(1)}$	268
Begegnung, Treffpunkt	מוֹעֵד	461
begraben	קבר	420
bei, mit	אֵת / אֶת־	132
bei, mit	עִם	133
Hif. bekennen, preisen	ידה	360
belagern, ein Lager aufschlagen	חנה	450
Beliebtheit, Gnade, Gunst	חֵן	409
bemerken, verstehen, einsehen	בִּין	292
Nif. bereuen, bedauern	נחם נִחַם	407
Berg	הַר	33
Hif. berichten, mitteilen	נגד הִגִּיד	168
berühren, schlagen	נגע	281
(in) Besitz nehmen, erben	ירשׁ	425
Besitzanteil	חֵ֫לֶק	285
Besitzer, Herr; (Ehe-)Mann	בַּ֫עַל	119
Hitp. beten	פלל הִתְפַּלֵּל	356
Beute	שָׁלָל	270
bevor, noch nicht	טֶ֫רֶם	310
bewachen, hüten, einhalten	שׁמר	349

Bileam	בִּלְעָם	289
bis, bis zu	עַד	134
bleiben, sich setzen, sitzen, wohnen	ישׁב	185
Blut	דָּם	20
Bote, Engel	מַלְאָךְ	278
Brandopfer	עֹלָה	320
brennen	בער	514
brennen, verbrennen	שׂרף	515
Bronze, Kupfer	נְחֹשֶׁת	256
Brot, Speise	לֶחֶם	373
Bruder	אָח	5
Buch	סֵפֶר	173
f. Bund	בְּרִית	352

D

damals, dann, danach	אָז	308
damit	לְמַעַן	232
damit nicht (Verneinung des Inf. cs.)	לְבִלְתִּי	234
damit nicht	פֶּן	233
damit, um...willen	בַּעֲבוּר	231
Daniel	דָּנִיֵּאל	509
danach, dann	אָז	308
darum, deshalb	עַל כֵּן	230
darum, deshalb; fürwahr, gewiss	לָכֵן	229
dass; wenn; weil; als; denn; fürwahr	כִּי	224
David	דָּוִד	164

denken, planen	חשב	430
denn, weil; ja, fürwahr; dass; wenn; als	כִּי	224
deshalb	עַל כֵּן	230
deshalb	לָכֵן	229
dienen	עבד	441
Diener, Knecht, Sklave	עֶ֫בֶד	120
Dienerin, Magd, Sklavin	שִׁפְחָה	121
diese (*f. Sg.*)	זֹאת	103
diese (*Pl.*)	אֵ֫לֶּה	104
dieser (*m. Sg.*)	זֶה	102
doch	נָא	155
dort	שָׁם	161
dorthin	שָׁ֫מָּה	161
draußen	חוּץ	252
drei	שְׁלֹשָׁה	488
dreißig	שְׁלֹשִׁים	497
drüben, jenseits	עֵ֫בֶר	247
du (*f.*)	אַתְּ	80
du (*m.*)	אַתָּה	79

E

Edom	אֱדוֹם	223
Ehre, Herrlichkeit	כָּבוֹד	328
Pi. ehren	כבד	326
Pi. eilen	מהר	304

	מַהֵר	
Eingang, Öffnung	פֶּתַח	473
einhalten, hüten, bewachen	שׁמר	349
einnehmen, fangen	לכד	434
er, ein(e)s	אֶחָד	486
einsehen, verstehen, bemerken	בִּין	292
Hif. einsetzen über	פקד	517
Eisen	בַּרְזֶל	257
elend	עָנִי	479
elend sein	ענה(2)	478
Elend, Not	עֳנִי	480
Elija	אֵלִיָּהוּ	423
Elischa	אֱלִישָׁע	424
Elle	אַמָּה	523
Ende	קֵץ	531
Ende	קָצֶה	532
eng sein, in Angst sein, Angst haben	צרר(2)	269
Engel	מַלְאָךְ	278
entbrennen, zornig werden	חרה	341
(sich) entfernen, ferne sein	רחק	193
Entgegen	לִקְרַאת	251
Nif. entrinnen	מלט נִמְלַט	483
Pi. entweihen	חלל חִלֵּל	314
er	הוּא	81

Erbbesitz	נַחֲלָה	442
erben, in Besitz nehmen	ירשׁ	425
Erbteil, Anteil	חֵלֶק	285
Erdboden, Ackerboden	אֲדָמָה	28
f. Erde, Land	אֶרֶץ	27
Hif. ergreifen, packen	חזק הֶחֱזִיק	398
ergreifen, packen, anfassen	תפשׂ	397
erhaben sein, hoch sein	רוּם	474
(sich) erinnern, gedenken, erwähnen	זכר	293
(er)kennen, wissen	ידע	290
Erkenntnis, Wissen	דַּעַת	291
erlösen	גאל	482
Hif. erretten	נצל הִצִּיל	484
Pi. erretten	מלט מִלֵּט	483
Nif. erscheinen	ראה	176
erster, früherer	רִאשׁוֹן	526
Erstgeborener	בְּכוֹר	527
erwähnen, sich erinnern, gedenken	זכר	293
Pi. erzählen	ספר	172
Esel	חֲמוֹר	242
essen	אכל	371
etwa, wie, gemäß	כְּ	44
Ewigkeit, lange Zeit	עוֹלָם	76

Ezechiel, Hesekiel	יְחֶזְקֵאל	449

F

fahren, reiten	רכב	300
fallen	נפל	406
fällen	כרת	287
Familie, Sippe	מִשְׁפָּחָה	11
Familie, Haus; Tempel	בַּ֫יִת	52
fangen, einnehmen	לכד	434
Feind	אֹיֵב	267
Feind, Widersacher	צַר(1)	268
Feld, Flur	שָׂדֶה	29
Fels	צוּר	259
ferne sein, sich entfernen	רחק	193
fertig sein	כלה	508
Fest	חַג / חָג	368
Festgesetztes, Vorschrift	חֹק	344
festhalten, packen	אחז	399
Nif. feststehen	כּוּן	180
Feuer	אֵשׁ	60
finden	מצא	462
Finsternis	חֹ֫שֶׁךְ	62
Fleisch, Leib, Lebewesen	בָּשָׂר	206
fliehen	ברח	303
fliehen	נוּס	302
Flügel	כָּנָף	244

Fluss	נָהָר	65
folgendermaßen	לֵאמֹר	146*
fordern, fragen	שׁאל	169
fordern, fragen	דרשׁ	171
Frau	אִשָּׁה	8
Frevel, Unheil	אָוֶן	214
Fremder	זָר	445
Fremdling	גֵּר	443
Freude	שִׂמְחָה	338
(sich) freuen	שׂמח	337
Freund	רֵעַ	266
Frevler, Gottloser; schuldig	רָשָׁע	144
Friede, Heil	שָׁלוֹם	412
frisch, neu	חָדָשׁ	74
Hif. früh aufstehen	שׁכם הִשְׁכִּים	391
früherer, erster	רִאשׁוֹן	526
Pi. füllen	מִלֵּא	506
fünf	חֲמִשָּׁה	490
fünfzig	חֲמִשִּׁים	499
für, nach, zu, hinsichtlich	לְ	43
(sich) fürchten	יָרֵא	340
fürwahr	לָכֵן	229
fürwahr, ja; denn, weil; dass; wenn; als	כִּי	224
Fürst, Vorsteher	נָשִׂיא	117

Fürst, Oberster, Befehlshaber	שַׂר	118
Fuß	רֶגֶל	203
Fuß, -Mal (beim Zählen)	פַּעַם	204
Fuß(sohle); Hand(fläche)	כַּף	211

G

Gabe, Geschenk, Opfer	מִנְחָה	463
ganz, alle, jeder	כֹּל / כָּל-	53
gebären, zeugen	ילד	381
Gebein, Knochen	עֶצֶם	205
geben	נתן	151
Gebet	תְּפִלָּה	357
Gebiet; Grenze	גְּבוּל	436
Gebot	מִצְוָה	346
gedenken, sich erinnern, erwähnen	זכר	293
Gefallen haben an, wollen	חָפֵץ	518
Gefäß, Gerät, Waffe	כְּלִי	435
gegen	עַל	127
gegenüber, vor	נֶגֶד	248
gehen, weggehen	הלך	150
f. Geist, Wind, Hauch	רוּחַ	210
Geld, Silber	כֶּסֶף	255
Gelübde	נֶדֶר	367
gemäß, wie, etwa	כְּ	44
Gemeinde	עֵדָה	403
Generation	דּוֹר	12

gerade, richtig, recht	יָשָׁר	522
Gerät, Gefäß, Waffe	כְּלִי	435
gerecht	צַדִּיק	94
Gerechtigkeit, Recht	צֶ֫דֶק	217a
Gerechtigkeit, Recht	צְדָקָה	217b
gering sein, klein sein	קטן	331
gering sein, leicht sein	קלל	329
Gesalbter, "Messias"	מָשִׁיחַ	321
Gesamtheit; ganz, alle, jeder	כֹּל / כָּל-	53
Geschäft	מְלָאכָה	277
geschehen, werden, sein	היה	153
Geschenk, Gabe, Opfer	מִנְחָה	463
Geschlecht, Generation	דּוֹר	12
gesegnet	בָּרוּךְ	364
Gesetz, Satzung	חֻקָּה	345
Gesetz, Weisung	תּוֹרָה	347
Gesicht, Nase, Zorn	אַף(1)	23
Getier, Tiere (*koll.*)	חַיָּה	237
Gewalttat	חָמָס	512
Gewand, Kleid	בֶּ֫גֶד	380
gewiss	לָכֵן	229
Gideon	גִּדְעוֹן	297
Gilead	גִּלְעָד	253
Hif. glauben	אמן הֶאֱמִין	333

Gnade, Gunst, Beliebtheit	חֵן	409
Gnade, Huld	חֶ֫סֶד	410
gnädig sein	חנן	408
Gold	זָהָב	254
Gott	אֵל	46
Gott	אֱלֹהִים	47
Gottloser, Frevler; schuldig	רָשָׁע	144
Grab	קֶ֫בֶר	421
Grenze; Gebiet	גְּבוּל	436
groß	גָּדוֹל	92
Polel gründen, befestigen	כּוּן כּוֹנֵן	180
Hif. groß machen	הִגְדִּיל	332
groß sein	גדל	332
Großvieh, Rinder (*koll.*)	בָּקָר	241
Gunst, Gnade, Beliebtheit	חֵן	409
gut	טוֹב	89
Hif. gut handeln, Gutes tun	יטב הֵיטִיב	324
gut sein, gut gehen	יטב	324

H

f. Hand, Seite	יָד	19
Hand(fläche); Fuß(sohle)	כַּף	211
hassen	שָׂנֵא	336
f. Hauch, Wind, Geist	רוּחַ	210

Haupt, Kopf	רֹאשׁ	16
Haus, Familie; Tempel	בַּ֫יִת	52
He interrogativum	הֲ	37
Hebräer	עִבְרִי	533
Heer	צָבָא	265
Heer, Kraft, Macht	חַ֫יִל	272
Heerlager, Lager	מַחֲנֶה	264
Heil, Frieden	שָׁלוֹם	412
Heil; Hilfe; Rettung	יְשׁוּעָה	413
heilig sein	קדשׁ	138
Pi. heiligen	קִדַּשׁ	138
Heiligkeit, Heiligtum	קֹ֫דֶשׁ	138
Heiligtum	מִקְדָּשׁ	139
heimsuchen, mustern *Hif.* einsetzen über	פקד	517
Held; stark, kraftvoll	גִּבּוֹר	275
Hif. helfen, retten	ישׁע הוֹשִׁיעַ	426
helfen, unterstützen	עזר	481
herausziehen; aufbrechen, weiterziehen	נסע	392
Herr	אָדוֹן	49
Herr, Besitzer; (Ehe-)Mann	בַּ֫עַל	119
Herrlichkeit, Ehre	כָּבוֹד	328
herrschen, König sein	מלךְ	48b
Herz	לֵב/לֵבָב	15

herzutreten, sich nähern	נגשׁ	194
Hesekiel, Ezechiel	יְחֶזְקֵאל	449
heute	הַיּוֹם	69
hier	פֹּה	160
hier, jetzt; so	כֹּה	100
Hilfe; Heil; Rettung	יְשׁוּעָה	413
Himmel	שָׁמַיִם	31
hinabgehen	ירד	189
Hif. hinaufführen	עלה	188
hinaufgehen, hinaufführen	עלה	188
hinausgehen, ausziehen	יצא	183
hineingehen, kommen	בּוֹא	149
hinsichtlich, für, nach, zu	לְ	43
hinter, nach	אַחַר	130
hinter, nach	אַחֲרֵי	130
hintreten, stehen, stehen bleiben	עמד	191
hinzufügen	יסף	178
Hiob	אִיּוֹב	485
Hiskia	חִזְקִיָּהוּ	395
hoch sein, erhaben sein	רוּם	474
hochheben, tragen	נשׂא	396
Hof; Vorhof	חָצֵר	476
Honig	דְּבַשׁ	374
hören	שׁמע	177
Hosea	הוֹשֵׁעַ	477

Hügel	גִּבְעָה	34
Huld, Gnade	חֶסֶד	410
hüten, bewachen, einhalten	שׁמר	349
hüten, weiden	רעה	459
hundert	מֵאָה	500
Hunger; Hungersnot	רָעָב	370

I

ich	אָנֹכִי/ אֲנִי	78
ihr (*f.*)	אַתֵּן/אַתֵּנָה	85
ihr (*m.*)	אַתֶּם	84
in Besitz nehmen	נחל	405
in, an, mit	בְּ	42
Inneres, Mitte	קֶרֶב	56
Inneres, Mitte	תָּוֶךְ	250
inmitten	בְּקֶרֶב	56
inmitten	בְּתוֹךְ	250
Isaak	יִצְחָק	77
Israel	יִשְׂרָאֵל	9

J

ja, fürwahr; denn, weil; dass; wenn; als	כִּי	224
Jahr	שָׁנָה	75
Jahwe	יְהוָה	45
Jakob	יַעֲקֹב	88

jeder, ganz, alle	כֹּל / כָּל־	53
jedoch	אַף(2)	157
jene	הַהִיא	82a
jene (*Pl.*)	הָהֵם	86a
jener	הַהוּא	81a
jenseits, drüben	עֵבֶר	247
Jeremia	יִרְמְיָהוּ	448
Jericho	יְרִיחוֹ	343
Jerobeam König von Israel	יָרָבְעָם	369
Jerusalem	יְרוּשָׁלַיִם	26
Jesaja	יְשַׁעְיָהוּ	438
jetzt, nun	עַתָּה	307
jetzt, hier; so	כֹּה	100
Jonathan	יְהוֹנָתָן	175
Jordan	יַרְדֵּן	212
Joschafat	יְהוֹשָׁפָט	387
Joschija	יֹאשִׁיָּהוּ	404
Josef	יוֹסֵף	105
Josua	יְהוֹשׁוּעַ	136
Juda	יְהוּדָה	18
Judäer, Bewohner von Juda	יְהוּדִי אִישׁ יְהוּדָה	18

K

Kampf, Krieg	מִלְחָמָה	262
Nif. kämpfen	לחם	433
kämpfen	צרר(1)	268

Kanaan	כְּנַעַן	353
Kanaanäer, Kanaaniter	כְּנַעֲנִי	353
Kasten, Lade	אֲרוֹן	464
kaufen, erwerben	קנה	439
f. Kehle, Seele, Leben	נֶפֶשׁ	209
kennen, erkennen, wissen	ידע	290
Kind, Knabe	יֶלֶד	382
Kleid, Gewand	לְבוּשׁ	379b
Kleid, Gewand	בֶּגֶד	380
klein	קָטֹן	93a
klein	קָטָן	93b
klein sein, gering sein	קטן	331
Kleinvieh, Schafe und Ziegen (koll.)	צֹאן	238
Knabe	נַעַר	382b
Knabe, Kind	יֶלֶד	382a
Knecht, Sklave	עֶבֶד	120
Knochen, Gebein	עֶצֶם	205
kommen, hineingehen	בּוֹא	149
König	מֶלֶךְ	48a
König sein, herrschen	מלךְ	48b
Königtum	מַלְכוּת	116
Königtum	מַמְלָכָה	115
können, vermögen	יכל	179
Kopf, Haupt	ראשׁ	16
Kraft, Macht, Heer	חַיִל	272

Kraft, Stärke	עֹז	274
Kraft, Vermögen	כֹּחַ	273
kraftvoll, stark; Held	גִּבּוֹר	275
krank sein	חלה	458
Krieg, Kampf	מִלְחָמָה	262
f. Krieg, Schwert	חֶ֫רֶב	263
Kulthöhe	בָּמָה	465
Hif. (wissen lassen:) kundtun	ידע	290
Kupfer, Bronze	נְחֹ֫שֶׁת	256

L

Lade, Kasten	אֲרוֹן	464
Lager, Heerlager	מַחֲנֶה	264
(ein) Lager aufschlagen, belagern	חנה	450
Land, Erde	אֶ֫רֶץ	27
lange Zeit, Ewigkeit	עוֹלָם	76
laufen	רוּץ	298
Laut, Stimme	קוֹל	17
f. Leben, Seele, Kehle	נֶ֫פֶשׁ	209
leben	חיה	181
lebend, lebendig	חַי	237
Lebewesen, Fleisch, Leib	בָּשָׂר	206
legen, setzen, stellen	שִׂים	195
legen, setzen, stellen	שִׁית	196
Hif. lehren,	ירה	348

unterweisen	הוֹרָה	
Pi. lehren	לִמַּד	529
Leib, Fleisch, Lebewesen	בָּשָׂר	206
leicht	קַל	330
leicht sein, gering sein	קלל	329
lernen	למד	529
Levi; Levit	לֵוִי	279
Licht	אוֹר	61
lieben	אהב	335
Lied	שִׁיר	386b
Lippe, Sprache, Rand	שָׂפָה	207
Lobpreis, Ruhm	תְּהִלָּה	359

M

machen, tun	עשׂה	148
Macht, Heer, Kraft	חַיִל	272
Magt, Sklavin, Dienerin	שִׁפְחָה	121
-Mal (beim Zählen)	פַּעַם	204
(Ehe-)Mann; Herr, Besitzer	בַּעַל	119
Mann, ein jeder	אִישׁ	7
Mauer	חוֹמָה	475
Meer	יָם	32
Mensch, Menschheit	אָדָם	10
mit, bei	אֵת / אֶת־	132
mit, bei	עִם	133

mit, in, an	בְּ	42
Mitte, Inneres	קֶרֶב	56
Mitte, Inneres	תָּוֶךְ	250
Hif. mitteilen, berichten	הִגִּיד	168
Moab	מוֹאָב	235
Monat, Neumond	חֹדֶשׁ	74
Morgen	בֹּקֶר	72
Mose	מֹשֶׁה	114
Mund	פֶּה	24
mustern, heimsuchen *Hif.* einsetzen über	פקד	517
Mutter	אֵם	2

N

nach, zu, für, hinsichtlich	לְ	43
nach, hinter	אַחַר	130
nach, hinter	אַחֲרֵי	130
nach, zu	אֶל	125
Nachkommenschaft, Same	זֶרַע	528
Nacht	לַיְלָה	71
(sich) nähern, herzutreten	נגשׁ	194
nahe sein, (sich) nähern	קרב	192
Name	שֵׁם	54
Nase, Zorn, Gesicht	אַף (1)	23
Nathan	נָתָן	414
Nation, Volk	גּוֹי	14

neben	אֵצֶל	246
nehmen	לקח	152
nennen, rufen	קרא	167
neu, frisch	חָדָשׁ	74
Neumond, Monat	חֹדֶשׁ	74
neun	תִּשְׁעָה	494
nicht	לֹא	40
nicht *(Verneinung des Jussivs)*	אַל	41
nicht	בַּל	41a
nicht, ohne	בְּלִי	41b
nicht, außer, ohne	בִּלְתִּי	234
Nichtvorhandensein; es gibt nicht, es ist nicht vorhanden	אַיִן	158
(sich) niederlassen; ruhen	נוּחַ	385
(sich) niederlegen, schlafen	שׁכב	388
Noah	נֹחַ	57
noch nicht, bevor	טֶרֶם	310
noch, wieder	עוֹד	70
Not, Angst, Bedrängnis	צָרָה	511
Not, Elend	עֳנִי	480
Nota accusativi	אֵת / אֶת־	131
nun, jetzt	עַתָּה	307
nur	אַף(2)	157

O

ob	אִם	225

ob ... oder	הֲ ... אִם	225
oben	מַ֫עַל	249
Oberfläche	פָּנִים	21
Oberster, Befehlshaber, Fürst	שַׂר	118
oder	אוֹ	38
offenbaren	גלה	453
öffnen	פתח	472
Öffnung, Eingang	פֶּ֫תַח	473
ohne, nicht, außer	בִּלְתִּי	234
ohne, nicht	בְּלִי	41b
f. Ohr	אֹ֫זֶן	25
Öl	שֶׁ֫מֶן	516
Opfer, Geschenk, Gabe	מִנְחָה	463
opfern, schlachten	זבח	318
Ort, Stelle	מָקוֹם	184

P

Hif. packen, ergreifen	חזק הֶחֱזִיק	398
packen, ergreifen, anfassen	תפשׂ	397
packen, festhalten	אחז	399
Palast, Tempel	הֵיכָל	260
Pferd	סוּס	50
Philister	פְּלִשְׁתִּי	361
Plan, Ratschluss	עֵצָה	294
planen	חשׁב	430

Hif. preisen, bekennen	ידה	360
Pi. preisen, rühmen	הִלֵּל	358
Priester	כֹּהֵן	137
Prophet	נָבִיא	355
Prophet, Seher	חֹזֶה	456
Nif. als Prophet auftreten	נבא נִבָּא	354

R

Rahel	רָחֵל	98
Rand, Lippe, Sprache	שָׂפָה	207
Ratschluss, Plan	עֵצָה	294
Recht, Rechtsspruch	מִשְׁפָּט	220
Rechtsstreit	רִיב	351
rechts, Süden	יָמִין	521
Pi. reden, sprechen	דבר דִּבֶּר	147
rein	טָהוֹר	143
rein sein	טהר	142
reiten, fahren	רכב	300
Relativpartikel Hilfsübersetzung: „wovon gilt“	אֲשֶׁר	226
Hif. retten, helfen	הוֹשִׁיעַ	426
Rettung; Hilfe; Heil	יְשׁוּעָה	413
richten	שׁפט	218
Richter	שֹׁפֵט	219
richtig; so	כֵּן	101

Rinder, Großvieh	בָּקָר	241
ringsum; Umkreis	סָבִיב	198
rufen, nennen	קרא	167
ruhen; sich niederlassen	נוּחַ	385
ruhen	שׁבת	383
Ruhm, Lobpreis	תְּהִלָּה	359
Pi. rühmen, preisen	הלל הִלֵּל	358

S

Sabbat	שַׁבָּת	384
sagen, sprechen	אמר	146
salben	משׁח	321
Salomo	שְׁלֹמֹה	182
Samaria	שֹׁמְרוֹן	323
Same, Nachkommenschaft	זֶרַע	528
sammeln	אסף	400
Samuel	שְׁמוּאֵל	145
satt sein	שׂבע	372
Satzung, Gesetz	חֻקָּה	345
Saul	שָׁאוּל	154
Schafe und Ziegen, Kleinvieh (koll.)	צֹאן	238
(sich) schämen	בּוֹשׁ	342
Schande, Schmach	חֶרְפָּה	468
schauen, sehen	חזה	455
Schekel	שֶׁקֶל	524

schicken, senden, ausstrecken	שׁלח	432
schlachten, „schächten“	שׁחט	319
schlachten, opfern	זבח	318
Schlachtopfer	זֶבַח	316
Hif. schlagen	נכה הִכָּה	280
schlagen	נגע	281
schlecht	רַע	90
schlecht sein	רעע	325
Schmähung, Schmach, Schande	חֶרְפָּה	468a
schreiben	כתב	428
Schreiber	סוֹפֵר	174
schuldig; Gottloser, Frevler	רָשָׁע	144
schwer	כָּבֵד	327
schwer sein	כבד	326
f. Schwert, Krieg	חֶרֶב	263
Schwester	אָחוֹת	6
Nif. schwören	שׁבע נִשְׁבַּע	366
sechs	שִׁשָּׁה	491
f. Seele, Kehle, Leben	נֶפֶשׁ	209
Segen	בְּרָכָה	363
Pi. segnen	ברך בֵּרַךְ	362
sehen	ראה	176
sehen, schauen	חזה	455

Seher, Prophet	חֹזֶה	456
sehr	מְאֹד	162
sein, werden, geschehen	היה	153
seit	מֵאָז	309
f. Seite, Hand	יָד	19
selbst wenn	גַּם כִּי	224
senden, schicken, ausstrecken	שׁלח	432
Sessel, Stuhl, Thron	כִּסֵּא	122
setzen, stellen, legen	שִׂים	195
setzen, stellen, legen	שִׁית	196
(sich) setzen, sitzen, wohnen, bleiben	ישׁב	185
sich als Fremdling aufhalten	גּוּר	444
Sichem	שְׁכֶם	334
sie (*f.*)	הִיא	82
sie (*Pl. f.*)	הֵן / הֵ֫נָּה	87
sie (*Pl. m.*)	הֵם / הֵ֫מָּה	86
sieben	שִׁבְעָה	492
siehe!	הִנֵּה / הֵן	99
Silber, Geld	כֶּ֫סֶף	255
Simson	שִׁמְשׁוֹן	306
Sinai	סִינַי	202
singen	שִׁיר	386a
Sippe, Familie	מִשְׁפָּחָה	11
sitzen, sich setzen, wohnen, bleiben	ישׁב	185
Sklave, Diener, Knecht	עֶ֫בֶד	120

Sklavin, Dienerin, Magd	שִׁפְחָה	121
so; hier, jetzt	כֹּה	100
so; richtig	כֵּן	101
sogar	גַּם	156
sogar	אף(2)	157
Sohn	בֵּן	3
sondern	כִּי אִם	225
Sonne	שֶׁמֶשׁ	59
sowohl – als auch	גַּם - גַּם	156
Speise, Brot	לֶחֶם	373
Sprache, Lippe, Rand	שָׂפָה	207
Sprache, Zunge	לָשׁוֹן	208
Pi. sprechen, reden	דִּבֶּר	147
sprechen, sagen	אמר	146
Stab, Stock	מַטֶּה	530
f. Stadt	עִיר	55
stark, fest	חָזָק	97
stark sein, fest sein	חזק	398
stark, kraftvoll; Held	גִּבּוֹר	275
Stärke, Kraft	עֹז	274
stehen, stehen bleiben, hintreten	עמד	191
stehlen	גנב	447
f. Stein	אֶבֶן	258
Stelle, Ort	מָקוֹם	184
stellen, setzen, legen	שִׂים	195

stellen, setzen, legen	שִׁית	196
Steppe, Wüste	מִדְבָּר	58
sterben, tot sein	מוּת	416
Stimme, Laut	קוֹל	17
Stock, Stab	מַטֶּה	530
Streit	רִיב	351
streiten	רִיב	350
Stuhl, Sessel, Thron	כִּסֵּא	122
Stute	סוּסָה	51
suchen, fordern, fragen	דרשׁ	171
Pi. suchen, fordern, bitten	בִּקֵּשׁ	170
Süden, rechts	יָמִין	521
Pi. Sühne schaffen	כפר כִּפֶּר	315
Sünde, Vergehen	עָוֹן	213
Sünde; Sündopfer	חַטָּאת	216
sündigen	חטא	215

T

Tag	יוֹם	69
Tat	מַעֲשֶׂה	276
tausend	אֶלֶף	501
teilen, verteilen	חלק	284
Tempel; Haus, Familie	בַּיִת	52
Tempel, Palast	הֵיכָל	260
Thron, Stuhl, Sessel	כִּסֵּא	122

Tier(e), Getier (*koll.*)	חַיָּה	237
Tiere, Vieh (*koll.*)	בְּהֵמָה	236
Tisch	שֻׁלְחָן	123
Tochter	בַּת	4
Tod	מָוֶת	417
Tor	שַׁעַר	471
tot, (ein) Toter	מֵת	416
töten	הרג	418
Hif. töten	מות	416
töten (oft als Paradigmenwort benutzt)	קטל	419
f. Totenreich, Unterwelt	שְׁאוֹל	422
tragen, hochheben	נשׂא	396
Hif. tränken	שׁקה הִשְׁקָה	377
Traum	חֲלוֹם	390
Treffpunkt, Begegnung	מוֹעֵד	461
treten	דרך	299
Nif. treu/ zuverlässig sein	אמן נֶאֱמַן	333
Treue, Wahrheit, Zuverlässigkeit	אֱמֶת	411
trinken	שׁתה	376
Pi. trösten	נחם נִחַם	407
tun, machen	עשׂה	148
f. Tür, Türflügel	דֶּלֶת	470

U

über	עַל	127
übernachten	לִין	389
Nif. übrig bleiben	יתר נוֹתַר	427
Nif. übrig bleiben	שׁאר נִשְׁאַר	502
Hif. übrig lassen	יתר הוֹתִיר	427
um … herum	סְבִיבוֹת / סְבִיבֵי	198
(sich) umdrehen, sich wenden	פנה	199
umgeben, umgehen, sich wenden	סבב	197
umkehren, zurückkehren	שׁוּב	186
umkommen, zugrunde gehen, verloren gehen	אבד	415
Umkreis; ringsum	סָבִיב	198
umstürzen, wenden	הפך	288
und, aber	וְ	39
Unheil, Frevel	אָוֶן	214
unrein	טָמֵא	141
unrein sein, unrein werden	טמא	140
untadelig, vollständig	תָּמִים	505
unterstützen, helfen	עזר	481
Hif. unterweisen, lehren	הוֹרָה	348
f. Unterwelt, Totenreich	שְׁאוֹל	422

V

Vater, Ahne	אָב	1
Pi. verbrennen	בִּעֵר	514
verbrennen	שׂרף	515
Hif. verderben, vernichten	שׁחת הִשְׁחִית	286
verfluchen	ארר	365
Pi. verfluchen	קִלֵּל	329
Vergehen, Sünde	עָוֹן	213
verkaufen	מכר	440
verlassen, zurücklassen	עזב	201
verloren gehen, zugrunde gehen, umkommen	אבד	415
vermögen, können	יכל	179
Vermögen, Kraft	כֹּחַ	273
Hištaf. (sich) verneigen, anbeten	חוה הִשְׁתַּחֲוָה	454
Pi. vernichten	אבד	415
Hif. vernichten, verderben	שׁחת הִשְׁחִית	286
Hif. verringern	קטן	331
Hif./ Nif. (sich) versammeln	קהל	401
Versammlung	קָהָל	402
verschmähen, verwerfen	מאס	513
verstehen, bemerken, einsehen	בִּין	292
verteilen, teilen	חלק	284
vertrauen	בטח	431

verwerfen, verschmähen	מאס	513
Vieh, Tiere (*koll.*)	בְּהֵמָה	236
viel, zahlreich	רַב	91
viel od. zahlreich sein/werden	רבה	457
vier	אַרְבָּעָה	489
vierzig	אַרְבָּעִים	498
Vögel (*koll.*)	עוֹף	243
Volk	עַם	13
Volk, Nation	גּוֹי	14
voll	מָלֵא	507
Pi. vollenden, zu Ende gehen	כלה כִּלָּה	508
Pi. vollständig machen	שׁלם שִׁלַּם	503
vollständig sein	מָלֵא	506
vollständig sein	תמם	504
vollständig, untadelig	תָּמִים	505
von – her, aus – heraus, weg – von	מִן	126
vor	לִפְנֵי	129
vor, gegenüber	נֶגֶד	248
vorbeigehen, vorübergehen	עבר	187
Vorhandensein; es gibt	יֵשׁ / יֶשׁ־	159
Vorhof; Hof	חָצֵר	476
Vorschrift, Festgesetztes	חֹק	344
Vorsteher, Fürst	נָשִׂיא	117

vorübergehen, vorbeigehen	עבר	187

W

Waffe, Gefäß, Gerät	כְּלִי	435
Wagen	רֶ֫כֶב	301
Wahrheit, Treue, Zuverlässigkeit	אֱמֶת	411
wann?	מָתַי	111
warum?	לָ֫מָּה/לָמָּה	108
warum?	מַדּוּעַ	109
was?	מָה מַה / מֶה	107
(sich) waschen	רחץ	322
Wasser	מַ֫יִם	30
Weg	דֶּ֫רֶךְ	63
weg – von, von – her, aus – heraus	מִן	126
wegen	עַל	127
wegen, weil	יַ֫עַן	311
wegen, weil	עֵ֫קֶב	312
weichen, abweichen	סוּר	200
weiden, hüten	רעה	459
weil, wegen	יַ֫עַן	311
weil, wegen	עֵ֫קֶב	312
weil, wie, als (כְּ + אֲשֶׁר)	כַּאֲשֶׁר	227
weil, denn; ja, fürwahr; dass; wenn; als	כִּי	224
Wein	יַ֫יִן	375
weinen	בכה	339

weise	חָכָם	95
weise sein	חכם	295
Weisheit	חָכְמָה	295
Weisung, Gesetz	תּוֹרָה	347
weiterziehen, aufbrechen	נסע	392
wenden, umstürzen	הפך	288
(sich) wenden, sich umdrehen	פנה	199
(sich) wenden, umgeben, umgehen	סבב	197
wenig, ein wenig	מְעַט	163
wenn (irreal) „wenn doch (wäre)...!“	לוּ	228
wenn; weil, denn; ja, fürwahr; dass; als	כִּי	224
wenn, ob	אִם	225
wer?	מִי	106
werden, geschehen, sein	היה	153
Widder	אַיִל	240
Widersacher, Feind	צַר(1)	268
wie, als, weil (כְּ + אֲשֶׁר)	כַּאֲשֶׁר	227
wie, gemäß, etwa	כְּ	44
wie?	אֵיךְ	112
wieder, noch	עוֹד	70
f. Wind, Hauch, Geist	רוּחַ	210
wir	אֲנַחְנוּ	83
wissen, (er)kennen	ידע	290
Wissen, Erkenntnis	דַּעַת	291

wo?	אַיֵּה	110
wohnen, sich niederlassen	שׁכן	393
wohnen, sich setzen, sitzen, bleiben	ישׁב	185
Wohnung	מִשְׁכָּן	394
wollen	אבה	451
wollen, Gefallen haben an	חָפֵץ	518
Wort	דָּבָר	165
Wüste, Steppe	מִדְבָּר	58

Z

zählen, aufzählen	ספר	172
zahlreich, viel	רַב	91
zehn	עֲשָׂרָה	495
Zeichen	אוֹת	467
Hif. zeigen	ראה	176
zeugen, gebären	ילד	381
Hif. zunichte machen	אבד	415
f. Zeit	עֵת	68
Zelt	אֹהֶל	460
zerbrechen, zerschmettern	שׁבר	282
zerreißen	קרע	283
Ziege	עֵז	239
Zion	צִיּוֹן	35
Zorn, Gesicht, Nase	אַף $_{(1)}$	23
zornig werden, entbrennen	חרה	341

zu, nach	אֶל	125
zu, für, nach, hinsichtlich	לְ	43
Zuverlässigkeit, Treue, Wahrheit	אֱמֶת	411
zugrunde gehen, verloren gehen, umkommen	אבד	415
Zunge, Sprache	לָשׁוֹן	208
zurückkehren, umkehren	שׁוּב	186
zurücklassen, verlassen	עזב	201
Nif. zuverlässig / treu sein	נֶאֱמַן	333
zwanzig	עֶשְׂרִים	496
zwei	שְׁנַיִם	487
zwischen	בֵּין	135

Hebräisch-deutsches Glossar

א

1	אָב	Vater , Ahne		
415	אבד	zugrunde/verloren gehen, umkommen *Pi.* vernichten *Hif.* ausrotten		
451	אבה	wollen		
446	אֶבְיוֹן	arm, bedürftig		
258	אֶ֫בֶן	*f.* Stein		qatl
67	אַבְרָהָם	Abraham		
67	אַבְרָם	Abram		
223	אֱדוֹם	Edom		
49	אָדוֹן	Herr		qatāl /qalān
10	אָדָם	Mensch, Menschheit		qatal
28	אֲדָמָה	Erdboden, Ackerboden		qatal (f.)
335	אהב	lieben	וַיֶּאֱהַב	Narr.
460	אֹ֫הֶל	Zelt		qutl
124	אַהֲרֹן	Aaron		
38	אוֹ	oder		
214	אָ֫וֶן	Unheil, Frevel		qatl
61	אוֹר	Licht		
467	אוֹת	Zeichen		
308	אָז	damals, dann, danach		
25	אֹ֫זֶן	*f.* Ohr		qutl
5	אָח	Bruder		

378	אַחְאָב	Ahab		
486	אֶחָד	ein, ein(e)s		
6	אָחוֹת	Schwester		
399	אחז	packen, festhalten		
130	אַחַר	hinter, nach		qatl
	אַחֲרֵי	hinter, nach		
525	אַחֵר	ein anderer		qa(t)til
267	אֹיֵב	Feind		
110	אַיֵּה	wo?		
485	אִיּוֹב	Hiob		
112	אֵיךְ	wie?		
240	אַ֫יִל	Widder		qatl
158	אַ֫יִן	Nichtvorhandensein; es gibt nicht, es ist nicht vorhanden		qatl
7	אִישׁ	Mann, ein jeder		qīl
371	אכל	essen	יֹאכַל	Impf.
41	אַל	nicht *(Verneinung des Jussivs)*		
46	אֵל	Gott		qil
125	אֶל	zu, nach		
47	אֱלֹהִים	Gott		qitāl
104	אֵ֫לֶּה	diese (*Pl.*)		
423	אֵלִיָּ֫הוּ	Elija		
424	אֱלִישָׁע	Elischa		
501	אֶ֫לֶף	tausend		qatl
225	אִם	wenn, ob		qil
	הֲ ... אִם	ob ... oder		
	כִּי אִם	(Negation einschränkend:) außer wenn, sondern		

2	אֵם	Mutter	qill
523	אַמָּה	Elle	qall (f.)
333	אמן		
	נֶאֱמַן	*Nif.* zuverlässig / treu sein	
	הֶאֱמִין	*Hif.* glauben	
146	אמר	sagen, sprechen	יֹאמַר Impf.
			וַיֹּ֫אמֶר Narr.
			אֱמֹר Imp.
			אֱמֹר Inf.cs.
411	אֱמֶת	Treue, Zuverlässigkeit, Wahrheit	qatil (f.)
78	אָנֹכִי/ אֲנִי	ich	
83	אֲנַ֫חְנוּ	wir	
400	אסף	sammeln	
23	אַף (1)	Nase, Zorn, Gesicht	qatl
157	אַף (2)	auch, sogar; nur, jedoch	
246	אֵ֫צֶל	neben	qitl
489	אַרְבָּעָה	vier	
498	אַרְבָּעִים	vierzig	
464	אֲרוֹן	Kasten, Lade	qatāl
365	אָרוּר	verflucht	qatūl
27	אֶ֫רֶץ	*f.* Erde, Land	qatl
365	ארר	verfluchen	
271	אַשּׁוּר	Assur	
60	אֵשׁ	Feuer	qill
8	אִשָּׁה	Frau	qill (f.)
226	אֲשֶׁר	Relativpartikel Hilfsübersetzung: „wovon gilt“	
520	אֲשֵׁרָה	Aschera	

131	אֵת / אֶת־	Nota accusativi	
132	אֵת / אֶת־	mit, bei	qill
80	אַתְּ	du (*f.*)	
79	אַתָּה	du (*m.*)	
84	אַתֶּם	ihr (*m.*)	
85	אַתֵּן/אַתֵּ֫נָה	ihr (*f.*)	

ב

42	בְּ	in, an, mit		
313	בְּאֵר שֶׁ֫בַע	Beersheba		
261	בָּבֶל	Babel; Babylon		
380	בֶּ֫גֶד	Kleid, Gewand		qa/itl
236	בְּהֵמָה	Tiere, Vieh (*koll.*)		qatil (f.)
149	בּוֹא	hineingehen, kommen	בָּא	Perf.
			יָבוֹא	Impf.
			וַיָּבֹא	Narr.
342	בּוֹשׁ	sich schämen	יֵבוֹשׁ	Impf.
527	בְּכוֹר	Erstgeborener		
431	בטח	vertrauen		
292	בִּין	verstehen, bemerken, einsehen	וַיָּ֫בֶן	Narr.
135	בֵּין	zwischen		
52	בַּ֫יִת	Haus, Familie; Tempel		qatl
339	בכה	weinen	וַיֵּבְךְּ	Narr.
41a	בַּל	nicht		
41b	בְּלִי	nicht, ohne *(seltene Verneinung von Aussagen, vor allem poetisch)*		

289	בִּלְעָם	Bileam		
234	בִּלְתִּי	nicht, außer, ohne		
465	בָּמָה	Anhöhe, Kulthöhe		qal (f.)
3	בֵּן	Sohn		qil
452	בנה	bauen		
231	בַּעֲבוּר	damit, um...willen		
119	בַּעַל	Herr, Besitzer; (Ehe-)Mann		qatl
519	בַּעַל	(Gott) Baal		qatl
514	בער	brennen		
	בִּעֵר	*Pi.* anzünden, verbrennen		
241	בָּקָר	Großvieh, Rinder (*koll.*)		qatal
72	בֹּקֶר	Morgen		qutl
56	בְּקֶרֶב	inmitten		
170	בקשׁ			
	בִּקֵּשׁ	*Pi.* suchen, fordern, bitten		
364	בָּרוּךְ	gesegnet		qatūl
257	בַּרְזֶל	Eisen		
303	ברח	fliehen		
352	בְּרִית	*f.* Bund		
362	ברך			
	בֵּרַךְ	*Pi.* segnen	יְבָרֵךְ	Impf.
			וַיְבָרֶךְ	Narr.
363	בְּרָכָה	Segen		qatal (f.)
206	בָּשָׂר	Fleisch, Leib, Lebewesen		qatal
4	בַּת	Tochter		qil (f.)
250	בְּתוֹךְ	inmitten		qatl

ג

482	גאל	auslösen, erlösen	
436	גְּבוּל	Grenze; Gebiet	qatūl
275	גִּבּוֹר	stark, kraftvoll; Held	qattāl
34	גִּבְעָה	Hügel	qa/itl (f.)
92	גָּדוֹל	groß	qatul
332	גדל	groß sein	
		Hif. groß machen	
297	גִּדְעוֹן	Gideon	
14	גּוֹי	Volk, Nation	
444	גּוּר	sich als Fremdling aufhalten	
453	גלה	aufdecken, offenbaren *Hif.* ins Exil führen	
253	גִּלְעָד	Gilead	
156	גַּם	auch, sogar	
	גַּם - גַּם	sowohl – als auch	
224	גַּם כִּי	selbst wenn	
447	גנב	stehlen	
443	גֵּר	Fremdling	qatil

ד

147	דבר דִּבֶּר	*Pi.* reden, sprechen	יְדַבֵּר Impf. וַיְדַבֵּר Narr. דַּבֵּר Imp דַּבֵּר Inf.cs.

165	דָּבָר	Wort	qatal
374	דְּבַשׁ	Honig	
164	דָּוִד	David	
12	דּוֹר	Geschlecht, Generation	qāl
470	דֶּלֶת	*f.* Tür, Türflügel	qal (f.)
20	דָּם	Blut	qal
509	דָּנִיֵּאל	Daniel	
291	דַּעַת	Erkenntnis, Wissen	
299	דרך	treten	
63	דֶּרֶךְ	Weg	qatl
171	דרשׁ	suchen, fordern, fragen	

ה

36	הַ·	Artikel (oder auch הַ הָ הֶ)	
37	הֲ	He interrogativum	
	הֲ ... אִם	ob … oder	
81a	הַהוּא	jener	
82a	הַהִיא	jene	
86a	הָהֵם	jene (*Pl.*)	
81	הוּא	er	
477	הוֹשֵׁעַ	Hosea	
82	הִיא	sie (*f.*)	
153	היה	werden, geschehen, sein	יִהְיֶה Impf. וַיְהִי Narr. יְהִי Juss. הֱיֵה Imp. הֱיוֹת Inf.cs.

69	הַיּוֹם	heute		qatl
260	הֵיכָל	Palast, Tempel		
358	הלל			
	הִלֵּל	*Pi.* rühmen, preisen		
150	הלך	gehen, weggehen	יֵלֵךְ	Impf.
			וַיֵּלֶךְ	Narr.
			לֵךְ	Imp.
			לֶכֶת	Inf.cs.
86	הֵם/הֵמָּה	sie (*Pl. m.*)		
87	הֵן/הֵנָּה	sie (*Pl. f.*)		
99	הִנֵּה/הֵן	siehe!		
288	הפך	wenden, umstürzen		
33	הַר	Berg		qall
418	הרג	töten	וַיַּהֲרֹג	Narr.

ו

39	וְ	und, aber		

ז

103	זֹאת	diese (*f. Sg.*)		
318	זבח	schlachten, opfern		
316	זֶבַח	Schlachtopfer		qatl
102	זֶה	dieser (*m. Sg.*)		
254	זָהָב	Gold		qatal
293	זכר	sich erinnern, gedenken, erwähnen		

96	זָקֵן	alt	qatil
445	זָר	Fremder	qatil (?)
528	זֶרַע	Same, Nachkommenschaft	qatl

ח

368	חַג / חָג	Fest	qall
74	חָדָשׁ	neu, frisch	qatal
74	חֹדֶשׁ	Monat, Neumond	qutl
454	חוה		
	הִשְׁתַּחֲוָה	*Hištaf.* sich verneigen, anbeten	
475	חוֹמָה	Mauer	
252	חוּץ	draußen	qutl
455	חזה	sehen, schauen	
456	חֹזֶה	Seher, Prophet	
398	חזק	stark sein, fest sein	
	הֶחֱזִיק	*Hif.* packen, ergreifen	יַחֲזִיק Impf.
			וַיַּחֲזֵק Narr.
97	חָזָק	stark	qatal
395	חִזְקִיָּהוּ	Hiskia	
215	חטא	sündigen	
216	חַטָּאת	Sünde; Sündopfer	
237	חַי	lebend, lebendig	
181	חיה	leben	
237	חַיָּה	Tier(e), Getier (*koll.*)	
272	חַיִל	Kraft, Macht, Heer	qatl

296	חכם	weise sein	
95	חָכָם	weise	qatal
295	חָכְמָה	Weisheit	qutl (f.)
390b	חלם	träumen	
390a	חֲלוֹם	Traum	
314	חלל		
	חִלֵּל	*Pi.* entweihen	
	הֵחֵל	*Hif.* anfangen	
458	חלה	krank sein	
284	חלק	teilen, verteilen	
285	חֵ֫לֶק	Anteil, Erbteil, Besitzanteil	qitl
242	חֲמוֹר	Esel	qitāl
512	חָמָס	Gewalttat	qatal
490	חֲמִשָּׁה	fünf	
499	חֲמִשִּׁים	fünfzig	
409	חֵן	Gnade, Gunst, Beliebtheit	qill
450	חנה	ein Lager aufschlagen, belagern	
408	חנן	gnädig sein	יָחֹן Impf.
410	חֶ֫סֶד	Gnade, Huld	qatl
518	חָפֵץ	Gefallen haben an, wollen	
476	חָצֵר	Vorhof; Hof	qatil
344	חֹק	Festgesetztes, Vorschrift	qull
345	חֻקָּה	Gesetz, Satzung	qull (f.)
263	חֶ֫רֶב	*f.* Schwert, Krieg	qatl
341	חרה	entbrennen, zornig werden	וַיִּ֫חַר Narr.
468a	חֶרְפָּה	Schande, Schmach	qa/itl (f.)

430	חשב	denken, planen	
62	חֹ֫שֶׁךְ	Finsternis	qutl

ט

143	טָהוֹר	rein	qatul
142	טהר	rein sein	
89	טוֹב	gut	qatl
140	טמא	unrein sein, unrein werden	
141	טָמֵא	unrein	qatil
310	טֶ֫רֶם	noch nicht, bevor	

י

404	יֹאשִׁיָּ֫הוּ	Joschija	
19	יָד	*f.* Hand, Seite	qal
360	ידה		
		Hif. preisen, bekennen	
290	ידע	wissen, (er)kennen	יֵ֫דַע Impf.
			וַיֵּדַע Narr.
		Hif. (wissen lassen:) kundtun	וַיּ֫דַע Narr.
18	יְהוּדָה	Juda	
	יְהוּדִי	Judäer, Bewohner von Juda	
	אִישׁ יְהוּדָה		
45	יְהוָה	Jahwe	
175	יְהוֹנָתָן	Jonathan	
136	יְהוֹשׁוּעַ	Josua	
387	יְהוֹשָׁפָט	Joschafat	

69	יוֹם	Tag		qatl
105	יוֹסֵף	Josef		
449	יְחֶזְקֵאל	Ezechiel, Hesekiel		
324	יטב	gut sein, gut gehen	יִיטַב	Impf.
	הֵיטִיב	*Hif.* gut handeln, Gutes tun	יֵיטִיב	Impf.
			וַיֵּיטֶב	Narr.
375	יַיִן	Wein		qatl
179	יכל	können, vermögen	יוּכַל	Impf.
381	ילד	gebären, zeugen	יֵלֵד	Impf.
			וַתֵּלֶד	Narr.
382a	יֶלֶד	Kind, Knabe		qatl
32	יָם	Meer		qall
521	יָמִין	rechts, Süden		qatīl
178	יסף	hinzufügen; fortfahren, etwas zu tun, etwas nochmals tun		
		Hif. hinzufügen (wie im Qal)	וַיֹּסֶף	Narr.
311	יַעַן	wegen, weil		qatl
88	יַעֲקֹב	Jakob		
183	יצא	hinausgehen, ausziehen	וַיֵּצֵא	Narr.
77	יִצְחָק	Isaak		
340	יָרֵא	sich fürchten	יָרֵא	Perf.
			יִירָא	Impf.
			וַיִּירָא	Narr.
			יִרְאָה	Inf. cs.
369	יָרָבְעָם	Jerobeam König von Israel (Nordreich)		
189	ירד	hinabgehen	יֵרֵד	Impf.
			וַיֵּרֶד	Narr.
212	יַרְדֵּן	Jordan		

348	ירה			
	הוֹרָה	*Hif.* lehren, unterweisen		
26	יְרוּשָׁלַ͏ִם	Jerusalem		
343	יְרִיחוֹ	Jericho		
448	יִרְמְיָהוּ	Jeremia		
425	ירשׁ	erben, in Besitz nehmen	יִירַשׁ	Impf.
9	יִשְׂרָאֵל	Israel		
159	יֵשׁ / יֶשׁ־	Vorhandensein; es gibt		
185	ישׁב	sich setzen, sitzen, wohnen, bleiben	יֵשֵׁב	Impf.
			וַיֵּשֶׁב	Narr.
			שֵׁב	Imp.
			שֶׁבֶת	Inf. cs.
413	יְשׁוּעָה	Hilfe; Heil; Rettung		qatūl (f.)
426	ישׁע			
	הוֹשִׁיעַ	*Hif.* helfen, retten	יוֹשִׁיעַ	Impf.
438	יְשַׁעְיָהוּ	Jesaja		
522	יָשָׁר	gerade, richtig, recht		qatal
427	יתר			
	נוֹתַר	*Nif.* übrig bleiben		
	הוֹתִיר	*Hif.* übrig lassen		

כ

44	כְּ	entsprechend, gemäß, wie	
227	כַּאֲשֶׁר	wie, als, weil (כְּ + אֲשֶׁר)	
326	כָּבֵד	schwer sein	
	כִּבֵּד	*Pi.* ehren	

327	כָּבֵד	schwer	qatil
328	כָּבוֹד	Ehre, Herrlichkeit	qatul
100	כֹּה	so; hier, jetzt	
137	כֹּהֵן	Priester	qātil
180	כּוּן	*Nif.* fest sein, fest stehen	
273	כֹּחַ	Kraft, Vermögen	
224	כִּי	1. ja, fürwahr 2. denn, weil 3. dass 4. wenn 5. als	
53	כֹּל / כָּל־	Gesamtheit; ganz, alle, jeder	qull
508	כלה	zu einem Ende kommen, fertig sein	
	כִּלָּה	*Pi.* vollenden, zu Ende gehen	
435	כְּלִי	Gerät, Gefäß, Waffe	
101	כֵּן	so; richtig	
353	כְּנַעַן	Kanaan	
	כְּנַעֲנִי	Kanaanäer, Kanaaniter	
244	כָּנָף	Flügel	qatal
122	כִּסֵּא	Thron, Stuhl, Sessel	
255	כֶּסֶף	Silber, Geld	qatl
211	כַּף	Handfläche; Fußsohle	qall
315	כפר		
	כִּפֶּר	*Pi.* Sühne schaffen	
287	כרת	abschneiden, fällen	
	הִכְרִית	*Hif.* ausrotten	
428	כתב	schreiben	

ל

43	לְ	für, nach, zu, hinsichtlich	
40	לֹא	nicht	
146a	לֵאמֹר	folgendermaßen (לְ + Inf.cs.)	
15	לֵב/לֵבָב	Herz	qill
510	לְבַד	allein	
234	לְבִלְתִּי	damit nicht (Verneinung des Inf. cs.)	
379a	לבשׁ	sich anziehen	
379b	לְבוּשׁ	Kleid, Gewand	
228	לוּ	wenn (irreal) „wenn doch (wäre)...!"	
279	לֵוִי	Levi; Levit	
433	לחם		
		Nif. kämpfen	
373	לֶחֶם	Speise, Brot	qatl
71	לַיְלָה	Nacht	
389	לִין	übernachten	
434	לכד	fangen, einnehmen	
229	לָכֵן	darum, deshalb; fürwahr, gewiss	
529	למד	lernen	
	לִמַּד	*Pi.* lehren	
108	לָמָּה/לָמָה	warum?	
232	לְמַעַן	damit	
129	לִפְנֵי	vor	
152	לקח	nehmen	יִקַּח Impf. וַיִּקַּח Narr. קַח Imp. קַחַת Inf.cs.

251	לִקְרַאת	entgegen		
208	לָשׁוֹן	Zunge, Sprache		qalān

מ

162	מְאֹד	very		qutl
500	מֵאָה	hundred		qil (f.)
309	מֵאָז	seit		
513	מאס	verwerfen, verschmähen		
58	מִדְבָּר	Wüste, Steppe		mi/aqtal
109	מַדּוּעַ	warum?		
107	מָה מַה / מֶה	was?		
304	מהר			
	מִהַר	*Pi.* eilen		
235	מוֹאָב	Moab		
461	מוֹעֵד	Treffpunkt, Begegnung		maqtil
416	מוּת	sterben, tot sein	מֵת	Perf.
			יָמוּת	Impf.
		Hif. töten	הֵמִית	Perf.
			יָמִית	Impf.
417	מָוֶת	Tod		qatl
317	מִזְבֵּחַ	Altar		mi/aqtil
264	מַחֲנֶה	Lager, Heerlager		mi/aqtil
530	מַטֶּה	Stab, Stock		maqtal
106	מִי	wer?		

30	מַ֫יִם	Wasser	qal (Pl.)
440	מכר	verkaufen	
506	מָלֵא	vollständig sein	
	מִלֵּא	*Pi.* füllen	
507	מָלֵא	voll	qatil
278	מַלְאָךְ	Bote, Engel	maqtal
277	מְלָאכָה	Arbeit, Geschäft	maqtal (f.)
262	מִלְחָמָה	Kampf, Krieg	mi/aqtal (f.)
483	מלט		
	נִמְלַט	*Nif.* entrinnen	
	מִלֵּט	*Pi.* erretten	
48a	מֶ֫לֶךְ	König	qatl
48b	מלךְ	König sein, herrschen	
116	מַלְכוּת	Königtum	qatlūt
115	מַמְלָכָה	Königtum	maqtal (f.)
126	מִן	von – her, aus – heraus, weg – von	
463	מִנְחָה	Geschenk, Gabe, Opfer	qitl (f.)
163	מְעַט	ein wenig, wenig	
249	מַ֫עַל	oben	
276	מַעֲשֶׂה	Arbeit, Tat	maqtal
462	מצא	finden	
346	מִצְוָה	Gebot	mi/aqtal (f.)
190	מִצְרַ֫יִם	Ägypten	
139	מִקְדָּשׁ	Heiligtum	mi/aqtal
184	מָקוֹם	Ort, Stelle	maqtal
114	מֹשֶׁה	Mose	

321	מָשַׁח	salben		
321	מָשִׁיחַ	der Gesalbte, „Messias“		qatīl
394	מִשְׁכָּן	Wohnung		mi/aqtal
11	מִשְׁפָּחָה	Familie, Sippe		mi/aqtal (f.)
220	מִשְׁפָּט	Recht, Rechtsspruch		mi/aqtal
416	מֵת	tot; (ein) Toter		
111	מָתַי	wann?		

נ

155	נָא	doch		
466	נְאֻם	Ausspruch		
	נְאֻם יהוה	„Spruch des HERRN“		
354	נבא			
	נִבָּא	*Nif.* als Prophet auftreten	וַיִּנָּבֵא	Narr.
355	נָבִיא	Prophet		qatīl
168	נגד			
	הִגִּיד	*Hif.* mitteilen, berichten	יַגִּיד	Impf.
			וַיַּגֵּד	Narr.
248	נֶגֶד	vor, gegenüber		qitl
281	נגע	berühren, schlagen	יִגַּע	Impf.
194	נגשׁ	herzutreten, sich nähern	יִגַּשׁ	Impf.
			גַּשׁ	Imp.
			גֶּשֶׁת	Inf.cs.
367	נֶדֶר	Gelübde		qitl
65	נָהָר	Fluss		qatal

385	נוּחַ	ruhen; sich niederlassen	נָח	Perf.
			יָנוּחַ	Impf.
		Ruhe verschaffen	הֵנִיחַ	Hif. I
		stellen, setzen, niederlegen, lassen	הִנִּיחַ	Hif. II
302	נוּס	fliehen		
57	נֹחַ	Noah		
405	נחל	in Besitz nehmen		
66	נַ֫חַל	Bach, Bachtal		qatl
442	נַחֲלָה	Erbbesitz		qatl (f.)
407	נחם			
	נִחַם	*Pi.* trösten		
	נִחַם	*Nif.* bereuen, bedauern		
256	נְח֫שֶׁת	Kupfer, Bronze		
280	נכה			
	הִכָּה	*Hif.* schlagen	יַכֶּה	Impf.
			וַיַּךְ	Narr.
			הַךְ	Imp.
			הַכּוֹת	Inf.cs.
180	נָכוֹן	fest, zuverlässig		
392	נסע	herausziehen; aufbrechen, weiterziehen	יִסַּע	Impf.
382b	נַ֫עַר	Knabe		qatl
406	נפל	fallen	יִפֹּל	Impf.
209	נֶ֫פֶשׁ	*f.* Seele, Kehle, Leben		qatl
484	נצל			
	הִצִּיל	*Hif.* erretten		
396	נשׂא	hochheben, tragen	יִשָּׂא	Impf.
117	נָשִׂיא	Fürst, Vorsteher		qatīl

151	נתן	geben	יִתֵּן	Impf.
			תֵּן	Imp.
			תֵּת	Inf.cs.
414	נָתָן	Nathan		

ס

197	סבב	umgeben, umgehen, sich wenden		
			יָסֹב	Impf.
			וַיָּסָב	Narr.
			סֹב	Imp.
			סֹב	Inf. cs.
198	סְבִיבוֹת סְבִיבֵי	um … herum		
198	סָבִיב	ringsum; Umkreis		qatīl
50	סוּס	Pferd		qūl
51	סוּסָה	Stute		qūl (f.)
174	סוֹפֵר	Schreiber		qātil
200	סוּר	weichen, abweichen		
202	סִינָי	Sinai		
172	ספר	zählen, aufzählen		
		Pi. erzählen	וַיְסַפֵּר	Narr.
173	סֵפֶר	Buch		qitl

ע

441	עבד	arbeiten, dienen		
120	עֶבֶד	Diener, Knecht, Sklave		qatl
187	עבר	vorübergehen, vorbeigehen		

247	עֵ֫בֶר	jenseits, drüben		qitl
533	עִבְרִי	Hebräer		
134	עַד	bis, bis zu		
403	עֵדָה	Gemeinde		qil (f.)
70	עוֹד	noch, wieder		
76	עוֹלָם	lange Zeit, Ewigkeit		qātal
213	עָוֺן	Sünde, Vergehen		
243	עוֹף	Vögel (*koll.*)		qatl
239	עֵז	Ziege		qill
274	עֹז	Kraft, Stärke		
201	עזב	verlassen, zurücklassen		
481	עזר	helfen, unterstützen		
22	עַ֫יִן	*f.* Auge		qatl
55	עִיר	*f.* Stadt		qīl
127	עַל	auf, über, an, gegen, wegen		
230	עַל כֵּן	darum, deshalb		
188	עלה	hinaufsteigen, hinaufgehen	יַעֲלֶה	Impf.
			וַיַּ֫עַל	Narr.
		Hif. hinaufführen	וַיַּ֫עַל	Narr.
320	עֹלָה	Brandopfer		
13	עַם	Volk		qall
133	עִם	mit, bei		
191	עמד	stehen, stehen bleiben, hintreten		
245	עַמּוֹן	Ammon		
	בְּנֵי עַמּוֹן	Ammoniter		
469	עָמוֹס	Amos		

166	ענה$_{(1)}$	antworten	וַיַּ֫עַן Narr.
478	ענה$_{(2)}$	elend sein	
	עִנָּה	*Pi.* bedrücken	
479	עָנִי	arm, elend	qatīl
480	עֳנִי	Elend, Not	qutl
64	עֵץ	Baum, Holz	qil
294	עֵצָה	Plan, Ratschluss	qil (f.)
205	עֶ֫צֶם	Knochen, Gebein	qatl
312	עֵ֫קֶב	wegen, weil	
73	עֶ֫רֶב	Abend	qatl
148	עשה	machen, tun	עָשָׂה Perf. יַעֲשֶׂה Impf. וַיַּ֫עַשׂ Narr.
495	עֲשָׂרָה	zehn	
496	עֶשְׂרִים	zwanzig	
68	עֵת	*f.* Zeit	qill
307	עַתָּה	nun, jetzt	

פ

24	פֶּה	Mund	
160	פֹּה	hier	
356	פלל		
	הִתְפַּלֵּל	*Hitp.* beten	
361	פְּלִשְׁתִּי	Philister	
233	פֶּן	damit nicht	
199	פנה	sich wenden, sich umdrehen	וַיִּ֫פֶן Narr.

21	פָּנִים	Angesicht, Oberfläche	qatal
204	פַּעַם	Fuß, -Mal (beim Zählen)	qatl
517	פקד	heimsuchen, mustern *Hif.* einsetzen über	
472	פתח	öffnen	
473	פֶּתַח	Öffnung, Eingang	qatl

צ

238	צֹאן	Kleinvieh, Schafe und Ziegen (koll.)	qatl
183	צֵאת	Ausgang *(Inf. cs. von* **יצא**)	
265	צָבָא	Heer	qatal
94	צַדִּיק	gerecht	qattīl
217a	צֶדֶק	*m.* Gerechtigkeit, Recht	
217b	צְדָקָה	*f.* Gerechtigkeit, Recht	qatal (f.)
221	צוה		
	צִוָּה	*Pi.* befehlen	וַיְצַו Narr.
259	צוּר	Fels	qūl
35	צִיּוֹן	Zion	
268	(1) צַר	Feind, Widersacher	qall
	(2) צרר	befeindet sein, kämpfen	
269	(2) צרר	eng sein, in Angst sein, Angst haben	
511	צָרָה	Angst, Not, Bedrängnis	qall (f.)

ק

420	קבר	begraben	
421	קֶבֶר	Grab	qatl
138	קדשׁ	heilig sein	
		Pi. heiligen	
138	קֹדֶשׁ	Heiligkeit, Heiligtum	qutl
401	קהל		
		Nif. sich versammeln	
		Hif. versammeln	
402	קָהָל	Versammlung	qatal
17	קוֹל	Stimme, Laut	qatl
184	קוּם	aufstehen	קָם Perf.
			יָקוּם Impf.
			וַיָּקָם Narr.
			קוּם Imp.
			קוּם Inf. cs.
			קָם Part.
419	קטל	töten (oft als Paradigmenwort benutzt)	
331	קטן	klein sein, gering sein	
		Hif. verringern	
93a	קָטֹן	klein	qatal
93b	קָטָן	klein	qatul
330	קַל	leicht	qall
329	קלל	leicht sein, gering sein	
	קִלֵּל	*Pi.* verfluchen	
439	קנה	kaufen	
531	קֵץ	Ende	
532	קָצֶה	Ende	qatal

167	קרא	rufen, nennen	וַיִּקְרָא	Narr.
192	קרב	nahe sein, sich nähern		
56	קֶ֫רֶב	Mitte, Inneres		qatl
283	קרע	zerreißen		

ר

176	ראה	sehen	יִרְאֶה	Impf.
			וַיַּרְא	Narr.
			רְאֵה	Imp.
			רְאוֹת	Inf.cs.
		Nif. erscheinen	וַיֵּרָא	Narr.
		Hif. zeigen	וַיַּרְא	Narr.
16	רֹאשׁ	Kopf, Haupt		qatl
526	רִאשׁוֹן	erster, früherer		qitlān
91	רַב	zahlreich, viel		qall
457	רבה	viel/ zahlreich sein/werden		
203	רֶ֫גֶל	Fuß		qatl
305	רדף אַחֲרֵי	(jemanden) verfolgen		
98	רָחֵל	Rahel		
210	רוּחַ	*f.* Wind, Hauch, Geist		qūl
474	רוּם	hoch sein, erhaben sein		
298	רוּץ	laufen		
322	רחץ	(sich) waschen		
193	רחק	ferne sein, sich entfernen		
350	רִיב	streiten		

351	רִיב	(Rechts-) Streit	qitl
300	רכב	(Wagen) fahren, reiten	
301	רֶכֶב	Wagen	qatl
266	רֵעַ	Freund	
90	רַע	schlecht	
370	רָעָב	Hunger; Hungersnot	qatal
459	רעה	weiden, hüten	
325	רעע	schlecht sein	
144	רָשָׁע	Gottloser, Frevler; schuldig	qatal

שׂ

372	שׂבע	satt sein	
29	שָׂדֶה	Feld, Flur	qatal
195	שִׂים	setzen, stellen, legen	שָׂם Perf. יָשִׂים Impf. וַיָּשֶׂם Narr. שִׂים Imp. שִׂים Inf. cs. שָׂם Part.
337	שׂמח	sich freuen	
338	שִׂמְחָה	Freude	qatl (f.)
336	שָׂנֵא	hassen	
207	שָׂפָה	Lippe, Sprache, Rand	qal (f.)
118	שַׂר	Oberster, Befehlshaber, Fürst	qall
515	שׂרף	Brennen, verbrennen	

שׁ

154	שָׁאוּל	Saul		
422	שְׁאוֹל	*f.* Totenreich, Unterwelt		
169	שׁאל	fragen, fordern	יִשְׁאַל	Impf.
502	שׁאר			
	נִשְׁאַר	*Nif.* übrig bleiben		
366	שׁבע			
	נִשְׁבַּע	*Nif.* schwören	יִשָּׁבַע	Impf.
492	שִׁבְעָה	sieben		
282	שׁבר	zerbrechen, zerschmettern		
383	שׁבת	aufhören, ruhen		
384	שַׁבָּת	Sabbat		qattal
186	שׁוּב	zurückkehren, umkehren	שָׁב	Perf.
			יָשׁוּב	Impf.
			וַיָּשָׁב	Narr.
			שׁוּב	Imp.
			שׁוּב	Inf.cs.
319	שׁחט	schlachten, „schächten“		
286	שׁחת			
	הִשְׁחִית	*Hif.* verderben, vernichten		
386a	שִׁיר	Singen	שָׁר	Perf.
			יָשִׁיר	Impf.
386b	שִׁיר	Lied		qīl
196	שִׁית	setzen, stellen, legen		
388	שׁכב	sich niederlegen, schlafen		

391	שׁכם			
	הִשְׁכִּים	*Hif.* früh aufstehen		
334	שְׁכֶם	Sichem		
393	שׁכן	wohnen, sich niederlassen		
412	שָׁלוֹם	Friede, Heil		qatāl
432	שׁלח	schicken, senden, ausstrecken		
123	שֻׁלְחָן	Tisch		qutlān
270	שָׁלָל	Beute		qatal
503	שׁלם			
	שִׁלַּם	*Pi.* vollständig machen		
182	שְׁלֹמֹה	Salomo		
488	שְׁלֹשָׁה	drei		
497	שְׁלֹשִׁים	dreißig		
161	שָׁם	dort		qal
	שָׁ֫מָּה	dorthin		
54	שֵׁם	Name		qil
145	שְׁמוּאֵל	Samuel		
31	שָׁמַ֫יִם	Himmel		qatal (Pl.)
516	שֶׁ֫מֶן	Öl		qatl
493	שְׁמֹנָה	acht		
177	שׁמע	hören	יִשְׁמַע	Impf.
			שְׁמַע	Imp.
349	שׁמר	hüten, bewachen, einhalten		
323	שֹׁמְרוֹן	Samaria		
59	שֶׁ֫מֶשׁ	Sonne		qatl

306	שִׁמְשׁוֹן	Simson	
75	שָׁנָה	Jahr	qal (f.)
487	שְׁנַיִם	zwei	
471	שַׁעַר	Tor	qatl
121	שִׁפְחָה	Magd, Dienerin, Sklavin	qitl (f.)
218	שׁפט	richten	
219	שֹׁפֵט	Richter	qātil
377	שׁקה		
	הִשְׁקָה	*Hif.* tränken	
524	שֶׁקֶל	Schekel	qitl
491	שִׁשָּׁה	sechs	
376	שׁתה	trinken	

ת

359	תְּהִלָּה	Ruhm, Lobpreis	taqill (f.)
250	תָּוֶךְ	Mitte, Inneres	
347	תּוֹרָה	Weisung, Gesetz	taqtal (f.)
128	תַּחַת	unter; anstelle von	qatl
505	תָּמִים	vollständig, untadelig	qatīl
504	תמם	vollständig sein	
357	תְּפִלָּה	Gebet	taqill (f.)
397	תפשׂ	packen, ergreifen, anfassen	
494	תִּשְׁעָה	neun	